JN440534

아빠, 슬플 땐 울어도 괜찮아

아빠, 슬플 땐 울어도 괜찮아

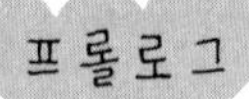

프롤로그

꼬마 전사 소피아

나는 소피아의 아빠이다. 네 살이란 어린 나이에 백혈병으로 사랑하는 가족 곁을 떠난 소피아가 무척이나 보고픈 눈물 많은 아빠. 1998년 9월 24일에 태어난 소피아의 짧은 생을 글로 쓰게 된 건 그 아이가 떠나고서 14일째 되는 날부터였다.

나는 지난 1년 동안 내 딸 소피아에 대한 기억을 하나하나 떠올리며 점심과 저녁 시간에 틈틈이 써 내려갔다. 지금도 눈앞에 아른거리는 내 딸 소피아의 모습을 기억하며 글을 쓰는 건 그동안 소피아가 홀로 병마와 싸우면서 힘겨워했을 고통만큼이나 아픈 상처로 다가왔다.

쓰다가 차라리 포기해 버리고픈 생각도 수백 번이나 들었다. 그렇지만 소피아의 삶과 미소 그리고 아이가 삶에 대해 보인 의지와 애착을 표현할 수 있는 길이란 글밖에 없었다.

아무것도 모를 어린 나이였지만, 내 딸 소피아는 결코 주어진 시련을 두려워하지 않았다. 이 책이 한 아이의 슬픔과 고통을 애도하는 것이라고 기대하는 분들이 있다면 이렇게 말해주고 싶다.

"우리 소피아는 용맹한 전사였답니다!"

혼자만의 혹독한 전투에서 승리를 거둔 용감한 네 살배기 전사. 나는 이러한 사실을 소피아가 세상을 떠난 뒤에야 아주 천천히 깨달았다. 병마를 이겨낸 소피아는 마지막으로 내가 전혀 예상할 수 없었던 방법으로 나에게 진실한 교훈 하나를 선물하고 간 것이다. 이 교훈은 나뿐만 아니라 모든 이에게 중요한 삶의 지침서가 되리라는 생각이 들었다.

이따금 고통과 두려움이 삶에 파고들어 결정을 내려야만 할 때, 누구든 그 상황 앞에 무능해지기 마련이다. 대체 무엇이 그토록 두렵게 만드는 걸까?

사람은 언젠가 죽음을 맞는다. 중요한 건 삶을 어떻게 살아갔느냐 하는 것이다. 얼마나 열정적으로 살았고 세상을 얼마나 긍정적으로 변화시켰는지, 이러한 의지로 삶이 얼마나 빛났는지가 더 중요하다.

우리는 다른 사람들의 마음과 생각을 얼마나 변화시킬 수 있을까? 그리고 내 삶이 다른 이들의 삶에 어떻게 기억될 수 있을까? 소피아는 4년이란 짧은 생을 살았지만 스쳐 지나간 사람들의 마음을 변화시켰다. 그래서 우리는 소피아의 묘비에 이렇게 새겨 넣었다.

"얼마나 살았는가 하는 것은 중요치 않다. 어떻게 살았는지가 중요한 것이다."

다른 세상의 언어로 느껴지는가? 아니면 흔하디흔한 드라마의 대사 같은가?

'소피아'라는 이름은 '지혜'를 뜻한다. 어쩌면 소피아는 수명을 다하고 죽은 이들보다 훨씬 지혜로웠을지 모른다. 네 살배기 아이의 짧은 인생이지만, 열정이 있었고 다른 이들에게 큰 영향력을 발휘할 만큼 각인된 기억들을 남겼다.

여러분도 이 책을 통해 내 딸 소피아의 짧지만 깊이가 있는 인생 의 한 부분을 배울 수 있길 바란다. 머리가 아니라 마음으로 느낀다면 어느새 여러분의 삶도 변화할 것이라 나는 확신한다.

미카엘 마르텐센

차례

I

아빠와 딸의 아주 특별한 인연

지구상의 모든 생명이 그렇듯 소피아의 이야기도 태어나면서부터 시작된다. 1998년 9월 24일에 둘째 딸 소피아가 태어났을 때 우리는 깜짝 놀랐다. 눈 깜짝할 사이에 나와버린 것이다. 엄마인 카렌조차도 믿을 수가 없는 눈치였다. 그때 카렌의 표정은 정말 가관이었다.

"뭐야? 벌써 끝났어?"

그때 소피아의 언니인 사라는 세 살이었다.

소피아는 있는 힘껏 울었다. 정말이지 온 힘을 다해 울었다. 그 울보를 안아 올렸을 때 우리는 아주 특별한 인연으로 맺어졌다. 그때 내 손에 들린 그 아이가 굉장히 특별한 존재라는 걸 느꼈다. 그렇게 생각하지 않는 아빠가 어디 있느냐고 할지도 모르지만, 어쨌든 우리 소피아는 정말 특별했다. 그 아이가 앞으로 특별한 삶을 살게 되듯이 말이다. 처음에 나는 내심 아들이었으면 했지만, 이내 언제 그랬냐는 듯 이런 바람만 간절했다.

"뭐, 어때? 건강하게만 자라다오!"

그러나 그것 역시 뜻대로 되지 않았다.

아내는 병원에서부터 소피아와 씨름했다. 엄마의 품 안에서 젖을 먹을 때면 세상에서 가장 행복한 아기였다가, 품에서 떼어놓을라치면 금방 울음보를 터뜨렸다. 눈에 졸음이 가득 담겨선 스르르 잠이 드는 것 같다가도 엄마의 품에서 벗어났다 싶으면 이내 알아차리고 울어댔다. 카렌이 녹초가 되는 것도 당연한 일이었다.

동생이 끝내주는 울보이든지 말든지, 사라는 소피아가 무척 자랑스러웠다. 틈만 나면 동생을 안아주고 싶어 했고, "난 이제 혼자가 아니에요. 이렇게 예쁜 동생이 생겼는걸요" 하며 자랑했다.

드디어 퇴원하는 날이 되었다. 소피아는 집에 가서 제리와 신디를 만나야 했다. 제리와 신디는 우리 집에서 키우는 버니즈 마운틴 독이다. 집에 도착해 소피아가 담긴 아기바구니를 내려놓았을 때 커다란 덩치 둘이 달려와선 킁킁거리며 새로운 가족을 반갑게 맞아주었다. 그런데 수컷인 제리가 이내 다시 잠을 청하려고 폼을 잡는 것과 달리 암컷인 신디는 다른 행동을 보였다.

본능적인 모성애에 눈을 뜨기라도 한 걸까? 신디는 소피아에게서 작은 소리만 나도 벌떡벌떡 일어나선 어미가 자식을 걱정하듯 안절부절못했다.

고만고만한 아이들의 울음소리가 끊임없이 울려대는 건 여느 집이나 마찬가지일 테지만, 아이가 울 때마다 커다란 개까지 왔다 갔다 한다면 어떻겠는가? 정신이 쏙 빠질 지경이었다. 시간이 좀 지나면 괜찮아질 것이라고 생각했지만, 신디는 여전히 소피아에게 모성애를 발휘하는 데 여념이 없었다.

알고 보니 소피아는 아주 고집쟁이였다. 카렌은 에어로빅을 다녔는데, 그곳에선 엄마들이 운동을 하는 동안 사장의 어머니인 미미가 아이들을 돌봐줬다. 보통은 아무 문제가 없었다. 그런데 소피아가 문제가 될 줄이야!

카렌이 운동을 하려고 돌아서기만 하면 소피아 사이렌이 울려댔다. 앵! 앵! 온갖 방법으로 어르고 달래봐도 아무런 소용이 없었고, 엄마가 안아줘야만 울음을 그쳤다. 어떨 땐 카렌이 눈 딱 감고 운동을 끝까지 해보리라 마음먹으면, 소피아도 이에 질세라 끝까지 목청껏 울어댔다. 소피아의 대단한 집념은 여기에서 끝이 아니었고 그 후로도 줄곧 계속되었다.

나는 첫째 딸 사라보다도 둘째인 소피아와 더 가까웠다. 부녀 사이에 정이 무척이나 끈끈했던 것이다. 소피아가 울고불고 야단법석을 떨면 아내는 속수무책이 되곤 했다. 그럴 때면 나는 '짜잔' 하고 슈퍼맨처럼 나타나 소피아를 달래는 데 성공했다. 문제가 생길 때마다 나는 다양한 방법을 모색했다. 나는 소피아의 모든 것을 이해할 수 있었다. 그 아이는 거울에 비친 내 모습처럼 보였으니까.

나와 카렌은 부모의 역할을 훌륭히 해내고 있었다. 사라는 마마걸이었고, 소피아는 파파걸이었다. 이런 상황은 다른 가정에서도 많이 볼 수 있으니, 그리 특별하단 생각은 안 한다. 다만 여느 부모들이 그걸 인정하지 않을 뿐이다.

우리 부부는 건강한 딸아이 둘과 많은 친구들이 있었으니, 세상에 부러울 게 없었다. 그러나 안타깝게도 그 행복은 오래가지 못했다. 소피아가 태어난 지 9개월이 되었을 때, 커다란 불행이 시작되었다.

1999년 5월에 소피아의 코 왼쪽 부분에 빨간 점이 발견되었는데, 소아과 의사는 그냥 모기한테 물린 자국이라고 했다. 그래서 잠깐 걱정하긴 했지만 별일 아닐 거라고 생각했다. 소피아는 건강한 아이로 잘 자라고 있었다.

그런데 불과 몇 주 사이에 그 빨간 점이 무섭게 커져버렸다. 7월에 북쪽 지방에 사는 친척의 결혼식에 갈 계획이었으나, 그게 문제가 아니었다. 2센티미터가 훨씬 넘는 큰 종기가 소피아를 잡아먹을 것만 같았다. 마침 소아과 의사의 휴가였다.

소피아를 임시로 담당한 의사에게서 울름에 있는 대학병원으로 가보란 이야기를 들었다. 몇 시간을 애타게 기다린 후에야 검사결과를 알게 되었는데, '혈관종(혈관 림프관의 증식에 의한 조직 기형-옮긴이)' 이었다. 그러나 의사는 저절로 없어질 테니 너무 염려할 필요가 없다고 했다.

친척의 결혼식은 다가오는데 몰려드는 걱정을 떨쳐버릴 수가 없었다. 카렌은 오랜만에 친척들을 만나게 되어 설렌다고 했지만, 나는 왠지 그들을 만날 수 없을 것 같았다. 떠나기 전날에 다시 병원에 갔을 때 의사는 뮌헨에 있는 대학병원으로 가보라고 권유했다. 의사들의 얼굴엔 수심이 가득했다. 뮌헨 병원의 유명 의사는 소피아의 종기를 보더니, 울름 병원의 의사들이 오진을 한 것이라고 말했다.

그러나 정확한 병명은 말하지 않았고, 일단 여러 가지 검사결과를 두고 봐야 정확히 알 수 있을 것 같다고만 했다.

이틀 동안 병원에 있다가 집으로 돌아오는 길에 비가 엄청 쏟아졌다. 불행이 드리워지기라도 한 듯 주위는 아주 컴컴했다.

일주일 동안 검사결과를 기다렸다. 지하실 서재의 컴퓨터 앞에 앉아 일을 하고 있을 때 전화벨이 울리는 소리가 들렸다. 그리고 카렌이 펑펑 울면서 목멘 소리로 말했다.

"백혈병이래 우리 소피아가 백혈병에 걸렸대."

나는 아내를 안아주었다. 시간이 멈춰버린 것만 같았고 머릿속은 텅 비어버렸다. 그러다가 잠시 뒤에 떠오른 건 '죽음'이란 단어였다.

소피아가 죽는다….

백혈병이란 게 신문이나 텔레비전에서나 볼 수 있는 먼 나라 이야기인 줄로만 알았는데, 백혈병이라니! 그것도 이제 겨우 9개월밖에 살지 않은 소피아가! 앞이 캄캄했다. 1층으로 올라가선 의학사전을 꺼내 백혈병에 관해 찾다가 한 문장을 발견했다.

'백혈병은 암의 일종이다.'

온 세상이 멈춰버린 듯했다.

"병원에서 내일 상담하러 오라고 했어. 소피아는 암 전문센터로 보내야 한대."

카렌이 울먹이며 말했다. 그 순간, 내일 병원에 갔을 때 모든 게 오진으로 밝혀지고 소피아와 함께 집으로 돌아올 수 있을 거라고 믿었다. 우리 소피아가 아프다니 말도 안 돼. 그럼, 아니고말고.

반은 정신이 나간 상태에서 장모님께 전화를 드렸다. 청천벽력과도 같은 소식을 들은 장모님은 곧장 달려오셨고, 우리가 병원에 있는 동안 소피아의 언니인 사라를 돌봐주시기로 했다. 로저는 제리와 신디를 대신 돌봐주기로 했다.

우리는 소피아가 앞으로 받게 될 고통을 생각하며 울었다. 그런데 그것은 앞으로 다가올 현실에 비하면 아주 미미한 것에 지나지 않았다. 오래전에 들은 이야기가 생각났다. 내가 예닐곱 살이었을 때 고모의 딸인 베아테가 암에 걸렸는데, 결국 열여덟이란 꽃다운 나이에 죽었다. 수술도 여러 번 하고 약이란 약은 다 먹었으나 아무 소용이 없었다.

우리 딸 소피아가 백혈병이란 이야기를 들었을 때, 베아테가 죽기 전에 겪었던 고통이 떠올랐다.

'소피아도 그렇게 되는 걸까? 아니야, 절대로 아니야! 베아테의 병은 20년도 더 된 일이야. 그동안 의학이 얼마나 발달했는데. TV에선 백혈병 환자가 치유될 가능성이 높아졌다고 했어. 요즘 같은 세상에 백혈병으로 죽을 리가 없어.'

그러나 우리는 얼마 지나지 않아 모든 사실을 알게 되었다.

우리는 소피아를 침대에 눕혔다. 소피아는 만화가 수놓인 이 침대를 무척 좋아했다. 그렇지만 오랫동안 이곳에서 못 잘 거란 생각이 드니 가슴이 미어졌다. 그 순간 소피아가 처음으로 말을 했다.

"어맘."

그건 우는 소리처럼 들렸다.

"어맘, 어맘."

우리 꼴도 말이 아니었다. 아침에 일어날 때마다 밤사이 흘린 눈물 때문에 눈꺼풀이 붙어 힘겹게 눈을 떠야 했다. 간신히 눈을 뜨고 나면 퉁퉁 부은 눈이 너무 아파서 눈을 몇 번이고 깜박거렸다. 빨갛게 충혈된 눈엔 실핏줄이 터져 있었다. 잠을 자면서도 울었던 것 같다. 잠시 뒤에 일어나 욕실로 들어온 아내의 얼굴은 더욱 참혹했다. 창백한 얼굴에 시뻘게진 눈. 그렇지만 소피아는 웃고 있었다.

플랫폼에서 기차를 기다리고 있는데, 주변 사람들이 우리를 힐끔힐끔 쳐다보았다. 우리 부부의 모습이 너무 초췌해서 그런가 보다 생각했다. 뮌헨행 기차를 기다리는 동안 머릿속에 두려운 생각이 소용돌이쳤다. 기차를 타고 마주 앉아서 그 사이에 소피아가 누워 있는 유모차를 놓았다.

소피아는 마냥 웃고만 있었는데, 왼쪽 코에 있는 종기 때문에 미소를 지을 때마다 어색해 보였다. 이틀 동안 종기가 더 심해져서 코가 비뚤어진 것 같았다. 소피아는 여전히 사랑스러웠으나, 한편으로 나는 앞으로 일어날 일에 대한 두려움으로 몸서리쳤다. 한 시간만 지나면 뮌헨에 도착하겠지만, 끝도 없는 여행길에 오른 것처럼 막막하기 그지없었다.

뮌헨 역에 도착한 우리는 서둘러 대학병원 소아과로 향했다. 그때부터 상상도 못한 고통이 시작된 것이다.

소아과 암 센터엔 자리가 없어서 우선 외과로 가야 했다. 첫날부터 쉴 틈 없이 검사를 받고 주사를 맞은 통에 소피아는 그날 하루 종일 울었다.

젊은 여의사가 주사를 놓으려고 혈관을 찾느라 애를 먹었고, 드디어 혈관을 찾아 바늘을 꽂았으나 피가 나오지 않았다. 소피아는 점점 목청껏 울어댔고, 그럴 때마다 더욱 경련을 일으켜 피는 나오지 않았다. 이 상황이 얼마나 끔찍한지 짐작할 수 있겠는가? 집을 떠나 낯선 곳에 있는 병원에서 딸아이가 처음 보는 의사에게 피 한 방울 나오지 않는 팔을 주삿바늘로 난도질당하고 있는 상황을 말이다.

소피아는 아프고 무서워서 계속 울어댔다. 앞으로 어떤 일이 일어날지 짐작할 수조차 없는 암담한 상황에서 그 의사가 소피아의 머리에 주삿바늘을 꽂아야겠다고 말했을 때 나는 순간 의사를 한 대 치고 싶었다. 소피아와 아내를 데리고 하루빨리 이 끔찍한 곳에서 벗어나야겠다는 생각밖에 들지 않았다. 말 그대로 악몽 같은 상황에서 나는 완전히 미쳐버릴 것만 같았다.

마침내 검사가 끝나고, 소아과 암 센터의 복도에 있는 오렌지색 플라스틱 의자에 앉아 기다렸다. 대머리, 창백한 얼굴, 링거 병을 질질 끌고 지나가는 환자들을 멍하니 바라보고 있는데, 어디에선가 아이가 숨넘어가는 소리로 울어댔다. 정말 하루빨리 그곳에서 벗어나고 싶었다. 캄캄한 밤에 미세한 빛이 반짝이는 것처럼 암흑 같은 상황속에서 작은 소망 하나를 품었다. 모든 게 거짓이길 바라는 소망 말이다.

오랜 기다림 끝에 차례가 돼서 들어가보니 의사 두 명과 정신과 의사가 기다리고 있었다. 곧 작은 소망은 산산조각이 나고 말았다.

"소피아는 백혈병입니다. 지금 상태가 많이 안 좋아요. 너무 어려서 나을 수 있을지 장담할 순 없지만, 우선 항암치료를 받아야 합니다. 최근에 새로운 항암치료법이 나오긴 했어요. 그런데 그것도 지금 소피아의 상태로는 성공 확률이 매우 낮습니다."

아내가 숨죽여 울기 시작했다. 그러자 소피아도 덩달아 울었다. 사랑하는 딸과 아내가 우는 모습을 보는 건 차마 못할 짓이었다. 괴로워서 미쳐버릴 지경이었다. 의사들은 계속 설명했지만 이해하기도 어려웠고 귀에 들어오지도 않았다.

"그럼, 소피아가 죽는단 말인가요?"

내가 따지듯이 물었다. 의사는 깊은 한숨을 내쉬더니 어렵게 입을 열었다.

"어쩌면요."

그토록 많이 울어보긴 태어나서 처음이었다. 내 안에 있던 모든 감정이 터져 나오는 것만 같았다. 카렌과 소피아를 꼭 껴안고 있으면서도 이런 생각을 떨칠 수가 없었다.

'정말로 우리 소피아가 죽는 걸까?'

우리는 조용히 복도로 걸어 나왔다. 지나가는 사람들의 눈엔 측은함이 배어 있는 듯했다. 잠시 뒤에 소피아는 병실로 옮겨질 것이었다. 나는 희망적인 생각들을 하기 위해 이를 악물었다.

'소피아는 그 병실에서 아주 잠깐 있을 거야. 금세 집으로 돌아갈 수 있을지도 몰라.'

마음을 진정시키려 애를 쓰면서 항암치료 설명서를 읽어 내려갔다. 1년 동안 집중적으로 항암치료를 받아야 한다고 쓰여 있었다.

'이 악몽 같은 시간은 곧 끝날 거야.'

설명서를 읽으면서 나는 주문처럼 되뇌었다. 소피아는 다음 날 수술을 받아야 했다. 약물 주입을 위해 삽입하는 관인 히크만카테터를 삽입하는 수술이었다. 심장까지 연결시켜 카테터를 통해 약물을 넣거나 피를 뽑을 것이라고 했다.

저녁이 되자 더욱 두려워졌다. 병원 규정상 병실엔 보호자가 한 사람만 있어야 했다. 소피아에게 젖을 줘야 했으므로 어쩔 수 없이 카렌이 남아야 했다. 마침 지나가던 사람이 길 건너편에 종교단체에서 운영하는 민박집이 있다고 해서 그곳에 머물기로 했다. 잠을 못 잘 거라고 생각했는데 피곤이란 피곤은 죄다 몰려와 나도 모르게 잠이 들었다. 그러나 사람들이 지나가는 소리에 몇 번이나 자다 깨기를 반복했다.

오랜 기다림

다음 날 아침 8시에 병원에 갔을 때 카렌은 수척해져 있었다. 피곤에 지친 모습이 역력했다. 소피아가 밤새도록 울어서 젖을 주며 달래느라 밤을 꼬박 새우다시피 했다고 한다. 히크만 카테터를 삽입하는 수술이 있는 날이었다. 수술 전에 아무것도 먹어선 안 되기 때문에 소피아는 배를 곯아야 했다. 배가 고파서 더 울었는지도 모르겠다. 쉼 없이 울어대던 소피아는 점심때쯤에 수면제를 먹고 수술실로 들어갔다. 수술실 문 안으로는 들어갈 수가 없어 그때부터 계속 기다려야만 했다.

그러는 동안 암에 걸린 아들을 돌보느라 병원에 꽤 오래 있었던 아빠가 병원생활에 대해 이야기해 주었다. 그 아들은 소피아가 항암치료를 받는 동안 결국 세상을 떠나고 말았다.

몇 시간 뒤 수술이 끝났고, 아직 마취에서 깨어나지 않은 소피아가 다시 병실로 옮겨졌다. 얼마 지나지 않아 깨어난 소피아는 두 시간 뒤에 젖을 먹을 수 있었다. 아이의 몸에는 나로선 도저히 알 수 없는 여러 가지 호스들이 달려 있었다. 참담하기 그지없는 모습에 가슴이 먹먹해졌다. 나중엔 그것에 익숙해져 호스가 있는지 없는지도 모를 정도가 되었지만 말이다.

이튿날부터 항암치료가 시작되었다. 그날 밤부터 나는 침대에 누워 주문처럼 이렇게 읊조렸다.

'소피아, 죽으면 안 돼. 알았지? 결코 죽어선 안 돼. 치료를 받는 게 무척 힘들 테지만 이겨내야 한단다, 응? 엄마 아빠가 너와 함께 있잖아. 소피아, 힘을 내렴. 죽지 마, 제발. 사랑하는 우리 아기, 꼭 나아서 씩씩하게 일어나야 한다.'

머릿속으론 아직도 그 엄청난 상황을 인정할 수가 없었다. 괴로운 현실은 영화 속에나 있는 것처럼, 멀게만 느껴졌다.

밤마다 피곤에 절은 몸을 뉘었으나, 수시로 왔다 갔다 하는 여행객들의 발소리에 자주 깨서 깊게 잠을 잘 수가 없었다. 그런데 다음 날 카렌의 모습은 더했다. 아내는 너무 피곤해 보였고, 눈 주위가 새까맣게 되어 있었다. 소피아가 또 밤새도록 울어댄 모양이었다. 그대로 뒀다간 카렌도 쓰러질 것 같았다.

그날 오전에 카테터로 소피아에게 첫 수혈을 할 예정이었다. 수혈을 하기 전에 카테터 위치를 엑스레이로 확인해야 했는데, 간호사가 무척 불친절했다.

"애를 여기다 눕히세요. 못 움직이게 꽉 잡으셔야 해요. 안 그럼 제가 그렇게 하죠."

소피아는 끊임없이 울어댔고, 간호사가 성의 없이 굴어대는 통에 상황이 나아질 기미는 보이지 않았다. 결국은 내가 폭발하고 말았다.

"자꾸만 이딴 식으로 우리 애를 고깃덩어리 취급할 겁니까! 한 번만 더 이 따위로 해봐요, 내가 어떻게 하나!"

그제야 간호사의 손놀림이 달라졌다. 긴장이 풀려서인지 소피아도 금세 조용해졌고, 엑스레이를 무사히 잘 찍었다.

항암치료가 시작되자 하루하루가 평소보다 빨리 지나갔다. 지금도 뚜렷하게 기억나는 건 병원 복도를 수없이 왔다 갔다 했다는 것뿐이다. 소피아는 유모차에 눕혀서 끌어줘야만 잠이 들었다. 사실 그 또래아이들 대부분이 그랬지만, 소피아는 좀 다르지 않은가. 소파이의 몸에 연결된 카테터 호스들 때문에 유모차에 눕히는 일조차도 힘겨웠을 뿐만 아니라, 소피아가 뒤척일 때마다 호스들이 엉켜버려 일단 그것을 풀고 링거가 걸려 있는 스탠드를 똑바로 세워야 했다.

그리고 나서 소피아를 안전하게 눕혀 한 손으론 유모차를 끌고 다른 손으론 스탠드를 끌며 병원 복도를 쉴 새 없이 걸어 다녔다. 유모차를 멈추기라도 하면 울보 소피아는 또 '앵' 하고 울어댔다. 왔다 갔다 왔다 갔다…. 몇 시간 동안 왔다 갔다 하는 걸 수 없이 되풀이했다.

교도소에 있는 죄수들의 심정을 조금은 알 것 같았다. 그런데 그들이 나은 듯했다. 그나마 실외에서 산책하며 바깥 공기라도 마실 수 있지 않은가. 소피아는 항암치료로 면역력이 약해져 병원 밖으론 나갈 수 없었으므로, 죄수들보다도 자유롭지 못했다. 카테터를 통해 독한 약물이 한 방울 한 방울씩 들어가 소피아의 몸속에 있는 세포가 유익한 것이든 아니든 모조리 파괴하는 동안 우리에게 바깥세상은 수십 광년 떨어진 다른 별 이야기가 되고 말았다.

소피아는 어느 순간부터 화를 내고 있었다. 그 화풀이란 게 엄마의 젖을 빨다가 깨물어버리는 것이었다. 소피아는 연달아 코티손 치료를 받았는데, 나중에서야 그것이 아픈 아이들의 성격을 변화시킨다는 사실을 알게 되었다. 소피아가 젖을 깨물 때마다 카렌은 표현할 수 없을 정도로 아파했다.

그러나 나는 아무것도 해줄 수가 없었다. 카렌은 잠시 쉬게 하고 틈날 때마다 소피아를 유모차에 태워 병원 복도를 산책하는 게 내가 해줄 수 있는 전부였다.

코티손 때문에 소피아의 몸이 많이 부었지만, 코에 있는 종기는 빨리 없어지기 시작해 닷새쯤 뒤엔 완전히 없어졌다. 종기가 사라지자 작은 기쁨과 희망이 생겨났다. 지금까지 있었던 일은 혹시 악몽이 아니었을까? 이제 곧 퇴원해서 셋이 함께 집으로 돌아갈 수 있지 않을까? 그러나 허망한 생각이었다. 종기가 없어진 것만으로도 행복하기까지 했던 우리는 백혈병에 대해 너무도 모르고 있었다.

이를 눈치 챈 의사가 다시 한번 객관적으로 설명해 주었다.

"종기가 없어진 건 좋은 일이지만 그건 백혈병과는 무관한 일입니다. 소피아의 몸에 백혈병 세포가 얼마나 제거되었는지를 알려면 몇 주 더 기다리셔야 합니다."

우리가 할 수 있는 일이란 기다리고 또 기다리고 하염없이 기다리는 것뿐이었다. 소피아의 또 다른 삶을 기다렸던 것일까? 그 아이에게 새로운 삶을 달라고 절규했던 것일까? 머릿속은 온통 잔인한 해결법과 복잡한 생각들로 뒤엉켜 있었다.

한편 멤민겐에선 모두 자신들의 삶을 이어가고 있었다. 사라는 외갓댁에서 잘 지내고 있었다. 외할머니와 외할아버지의 보살핌 덕분에 이 상황을 잘 견뎌냈다. 신디와 제리는 로저가 수소문해서 알아낸 애완견 센터에 있었다. 그리고 나와 카렌은 항상 소피아 곁에 있었다.

회사의 사장과 이야기를 나누기 위해 나는 잠시 집으로 돌아왔다. 내가 일하는 곳은 멤민겐에서 약 25킬로미터쯤 떨어져 있었다. 사장에게 상황을 설명하고 4주만이라도 휴가를 내달라고 요청했으나, 처음엔 거절당했다. 현재 일할 직원이 부족하고 대체인력 또한 없다는 게 그 이유였다. 게다가 굳이 내가 병원에 있지 않아도 되는 게 아니냐고 말하는 바람에 섭섭하고 화가 났다. 15년 동안 열심히 일해 온 직원에게 이 정도 배려도 해주지 못할까 싶어 4주간 휴가를 안 주면 회사를 그만두겠다고 으름장을 놓았다. 그제야 비로소 휴가를 허락받아 다시 뮌헨으로 달려갈 수 있었다.

열흘이 지났다. 아침 일찍 민박집에서 나와 병원에 도착했을 때 카렌을 보자 말문이 턱 막혔다. 퀭한 눈에 초췌한 모습이 꼭 해골 같았다. 카렌은 말을 걸어도 대답조차 못할 정도로 기력이 다해 있었다. 너무 걱정이 되어 의사에게 물었다.

"아내가 병실 밖에서 좀 쉬어도 될까요?"

그러나 의사의 대답이 기가 막혔다.

"환자 보호자들을 위한 아파트가 마련돼 있는데, 아직 모르고 계셨어요?"

간호사나 의사들, 병원에 있는 어느 누구도 그런 얘기를 해주지 않았다. 그래도 아내가 쉴 수 있는 곳을 찾았다는 기쁨에 속상한 마음을 달랬다. 그런데 소피아를 밤새 혼자 남겨둬도 될지가 걱정스러웠다. 밤에 갑자기 엄마를 찾으면 어떻게 하지? 간호사들이 문제가 생기면 곧장 전화로 알려주겠다고 해서, 일단 하루만이라도 소피아를 혼자 둬보기로 했다.

아파트로 가는 동안 불안함을 감출 수가 없었다. 그 사이에 병원에서 급한 전화라도 올까 봐 얼마나 마음을 졸였는지 모른다. 뛰다시피 해서 아파트에 도착했을 때, 소피아가 울고불고 난리를 피울 게 틀림없단 생각이 들어 다시 병원으로 가볼까 하는 생각도 했다. 피곤한 몸을 누이고 전화벨이 울릴까 봐 신경을 곤두세우고 있다가, 결국 우리도 모르게 잠이 들었다.

아침에 요란하게 울어대는 알람 소리에 눈을 떴을 때 가슴이 철렁 내려앉았다. 소피아는 어떻게 하고 있을까? 부리나케 옷을 챙겨 입고 병원으로 달려갔는데, 병실에 소피아가 없었다. 이게 어찌 된 일인가 싶어 간호사실에 달려갔을 때에야 겨우 놀란 가슴을 쓸어내렸다. 소피아가 간호사들의 보살핌을 받으며 새근새근 잘도 자고 있는 게 아닌가.

소피아가 밤새 너무 울어대서 전화를 하려고 했지만 카렌이 좀 쉬어야 할 것 같아 간호사실로 데려와 재웠다면서, 우리를 안심시켜 주었다.

하룻밤이라도 편안하게 잤던 게 효과가 있었다. 힘이 불끈 솟았다고나 할까? 소피아를 병실 침대에 눕히자, 잠에서 깨어나 우리를 보더니 방글방글 웃었다.

"마맘맘."

독한 약으로 우리 딸은 얼굴이 퉁퉁 부어서 얼굴선마저 희미해졌다. 소피아가 웃을 때마다 그 얼굴 위로 해가 뜬 것처럼 환하고 따뜻한 것을 보면 코티손으로 성격이 포악해졌다고는 믿을 수가 없었다. 생후 9개월이 됐는데도 온몸이 퉁퉁 부은 채로 누워 있어야만 하는 소피아에게 다른 아이들처럼 신나게 기어 다닐 수 있는 날이 과연 올까? 나는 막막해졌다.

글을 쓰고 있는 지금 이 순간에도 그 아픔을 생각하면 눈물이 마르지 않는다. 연약하고 안쓰럽기만 했던 소피아의 애처로운 모습이 지금도 눈앞에 아른거린다.

소아과 병동에선 소피아가 제일 어린 환자였다. 당연히 제 또래들을 만날 수 없었다. 소피아보다 큰 아이들은 항암치료 때문에 머리카락이 빠져버린 것을 보고 괴로워했다. 소피아는 아직 어려서 그 괴로움을 몰랐다는 게 그나마 다행이었다. 그러나 힘든 치료 때문에 혼자서 눈에 보이지 않는 아픔과 상처를 받고 있다고 생각하면 소피아를 차마 마주할 수가 없었다.

내 품에서 편안하게 잠이 든 소피아를 볼 때면 나는 어김없이 눈물을 흘렸다. 왜 이 아이가 이토록 엄청난 고통을 겪어야 할까? 소피아의 운명에 화가 치밀어 오르고 가슴이 미어졌다. 그렇지만 나는 마음을 강하게 먹기로 했다. 소피아에겐 백혈병을 이길 수 있는 힘이 있다, 우리가 함께 그 병을 이기도록 도와줄 것이다…. 이런 생각만 하려고 이를 악물었다.

우리는 한 가족, 한 팀, 하나이다. 어느 누구도 우리를 갈라놓지 못하리라.

코티손 복용으로 소피아의 식성도 달라졌다. 바닐라와 초콜릿 이유식을 엄청 먹어대는 것이었다. 좀 늦게 주나 싶으면 유아용 의자에 앉아선 주먹을 꼭 쥐고 벌게진 얼굴로 난리를 쳤다. 달래거나 혼을 내는 건 애초부터 헛수고였고, 이유식을 그 앞에 가져다줘야만 했다.

영양가 높은 식단으로 바꾸려고 해도 소피아의 고집 때문에 그럴 수가 없었다. 하루에도 몇 번씩이나 울고 보채고 화를 내면서 고집을 피우는데, 어쩔 땐 내 딸이 아닌 것처럼 느껴지기도 했다. 어떤 엄마는 코티손 때문에 자기 아이도 걸핏하면 소리를 지르기 일쑤고, 심지어는 욕까지 한다고 했다. 원래는 착하고 온순했던 아이가 말이다.

약물치료로 소피아는 발육도 늦어졌다. 움직이는 것만 봐도 팔에 힘을 줘서 일어나보려고 했는데 이젠 힘이 부치는지 배나 등만 움직이다가 이내 포기해 버렸다.

면역 억제제의 일종인 MTX 부작용도 심했다. 이 약의 무서운 부작용은 장의 점막을 녹인다는 것이었다. 어느 날 소피아의 기저귀를 갈던 카렌은 점막에 녹아나온 기다란 살점을 발견하고 까무러칠 뻔했다. 냄새는 또 얼마나 지독했는지 모른다. 의사들은 독성물질에 오염될 위험이 있으니 반드시 위생장갑을 끼고 기저귀를 갈도록 권했다. 눈에 넣어도 안 아플 딸아이의 기저귀를 가는데 위생장갑을 껴야 하다니, 기막힌 현실을 받아들일 수가 없었다.

4주 내내 정신없이 바쁘게 지냈다. 날마다 혈액 검사에 초음파 검사를 받았고, 별별 종류의 약을 먹였다. 그러면서 병원생활에 익숙해져 갔고 다른 부모들과도 친해졌다.

고통과 염려도 자연스레 우리 삶의 한 부분이 되어버렸다. 이제 더는 죽음을 생각지 않았다. 오로지 소피아가 백혈병을 이겨낼 수 있다는 소망을 품고 살아갔다.

어느 날 문득 병실에서 밖을 내다보니 따스한 햇살이 비치고 있었다. 따사로운 풍경 속에선 젊은 연인이 서로 장난을 치며 즐거운 한때를 보내고 있었다. 겨우 50미터쯤 되는 거리를 두고 그들은 우리와 전혀 다른 세계에서 살고 있는 듯했다. 그들은 포근한 햇살 아래에 있었고, 우리는 음지에서 아등바등했다. 괜한 질투심에 사로잡힌 스스로가 우스울 지경이었다.

우리 가족은 자유롭게 움직이고 즐거움을 만끽할 수 있는 시간을 송두리째 잃어버렸는데, 저들은 아랑곳없이 웃고 떠들며 햇살을 독차지하고 있다는 생각이 들었다. 세상이 이렇게 불공평할 수가 없었다. 감옥 같은 좁은 병실에서 언제 불어닥칠지 모르는 두려움에 갇혀 지내는 우리에겐 더 이상 따스한 햇살 같은 축복이 없었다.

마침내 집으로 돌아와 일주일을 보내게 되었다. 소풍을 떠나는 어린아이처럼 하루가 길게만 느껴졌다. 의사는 꼭 지켜야 할 사항을 조목조목 알려주었다. 사람들이 많은 곳은 피해야 하고, 감기나 병에 걸린 사람들은 면역력이 약해진 소피아와 접촉시켜선 절대 안 된다고 했다. 사소한 코감기조차 소피아에겐 치명적이라고 주의를 주었다.

고양이와 새는 가까이 해선 안 되지만, 다행히 개는 괜찮았다. 날마다 소피아의 체온을 체크하는 건 아주 중요한 일이며, 혹 체온이 38도를 연거푸 넘거나 그 이상이 되면 곧장 병원으로 데려와야 한다고 했다. 병원에 오면 닷새 동안 항생제를 먹은 뒤에 다시 입원해야만 했다.

나는 소피아가 집에 돌아와서 아무 일 없이 잘 지내주길 기도했다. 퇴원하는 날, 마침내 소피아가 링거 바늘을 뽑고 집에 간다는 기쁨에 말로 형용할 수 없는 행복을 느꼈다. 그러나 한편으론 집에 들어서자 불안감에 휩싸였다.

'우리 집엔 적절한 치료기구도 없고, 병원도 멀리 떨어져 있다. 잘 해낼 수 있을까? 아무 일도 없겠지?'

카렌은 소피아가 집으로 돌아왔다는 사실에 너무 기쁜 나머지 난로 옆에 앉아 엉엉 울었다. 걱정도 많았지만 집에 돌아왔다는 것만으로도 정말 행복했다. 소피아를 위층 침대에 눕혔을 때, 아이도 집에 와서 좋은지 이내 잠이 들었다. 아내와 나는 응접실에 한참을 말없이 앉아 있었다. 우리는 조금이나마 안정을 찾았다.

오랜만에 모두가 모여서 제리와 신디를 데리고 아이센부르크의 숲으로 산책을 나갔다. 정말이지 꿈만 같았다. 사라는 얼굴에 함박꽃을 피웠고, 제리와 신디는 꼬리를 연신 흔들어댔다. 뮌헨에선 상상도 할 수 없었던 신선한 공기를 깊이 들이마셨다. 상쾌한 공기에 지친 몸과 마음이 치료되는 것 같았다. 소피아를 태운 유모차를 끌고 즐겨 찾던 산책로를 걸었다.

다른 사람들이 보기엔 그저 한 가족의 일상적인 풍경일 테지만, 그 무엇과도 바꿀 수 없는 소중한 시간을 걷고 있었다. 그 순간 사람들이 말하는 천국이란 게 어떤 건지 알 수 있었다.

다음 날 아침에 부모님 댁과 처갓집을 다녀왔다. 오랜만에 우리 가족을 본 어른들은 반가움에 눈물까지 글썽거렸다. 오후엔 또 숲을 산책했다. 예전과 달리 산책만으로도 이토록 큰 기쁨을 느낄 수 있다는 게 참으로 신기했다.

그러나 모처럼의 행복도 잠깐이었다. 다음 날 소피아의 체온이 무려 38도까지 올라갔다. 한 시간 뒤에 다시 쟀을 때도 체온이 똑같다면 소피아를 데리고 곧장 병원으로 달려가야 했다. 한 시간 동안 피가 바짝바짝 마르는 것만 같았다. 안절부절못하던 아내는 한 시간이 채 지나지 않았는데도 소피아의 체온을 다시 쟀다. 38.3도…. 나는 병원에 연락한 뒤에 택시를 불렀고, 그동안 아내는 위층에서 가방을 챙겼다.

엄마 아빠가 사색이 되어 서두르는 모습에 놀란 사라가 울음을 터뜨렸다. 안쓰러운 마음에 사라를 꼭 끌어안아줬지만, 아이는 울음을 그치지 못했다. 한 달 동안이나 엄마 아빠와 동생 없이 지내다가 이제 겨우 만나 예전처럼 행복한 생활을 시작하려는데, 사흘 만에 다시 헤어져야 한다는 게 어린 사라에겐 가혹한 일이었다.

뮌헨에는 아내 혼자서 소피아를 데리고 가야 했다. 4주 휴가마저 끝난 나는 다음 날 회사에 나가야 했고, 우리에겐 돈이 필요했다. 혼자서 소피아를 돌보는 게 무척이나 힘들 테지만 아내가 잘 견뎌주길 바랐다. 주말에 가겠노라며 아내와 소피아를 택시에 태웠다. 사라와 나는 멀리 사라져가는 택시를 바라보며 하염없이 눈물을 흘렸다.

사라를 다시 처갓집에 데려다주고 집으로 돌아와 응접실에 앉았는데 화가 치밀어 올랐다.

'이까짓 병이 대체 뭔데 가족을 이렇게 뿔뿔이 흩어놓는 거야! 왜 아무것도 못하게 하는 거야!'

그때 전화벨이 울려 받아보니 카렌이었다. 아내의 목소리를 들으니 마음이 조금은 누그러지는 듯했다.

"소피아는 괜찮아. 항생제를 먹이니까 많이 나아졌어."

전화기 너머로 소피아의 웅얼거리는 소리가 들려왔고, 잠시나마 마음이 편안해졌다.

흩어진 우리 가족

다음 날에 출근을 한 나는 제리와 신디를 사무실 옆에 있는 창고에 두었다. 바로 옆에 있으니까 그 녀석들을 언제든 볼 수 있었고, 녀석들도 좋아하는 듯했다.

그러나 활동적이던 신디가 밥도 잘 안 먹고 축 처져 있는 게 걱정이었다. "소피아는 어디 있어?" 하고 신디에게 물으면, 그 녀석은 슬픔에 잠긴 눈으로 문 쪽을 바라보았다. 신디는 소피아가 그리운 모양이었다.

회사에서 일이 제대로 될 리가 없었다. 신경이 온통 뮌헨에 있는 소피아에게 가 있었으니, 고객들이 벽에 칠할 색을 물어봐도 멍하니 묵묵부답일 때가 많았다. 이내 사정을 알게 된 단골 고객들은 대부분 진심 어린 위로의 말을 건넸다. 한 고객은 목에 초콜릿이 달린 인형을 선물로 주었다.

"소피아는 건강해질 걸세. 별건 아니지만, 이거라도 꼭 전해주고 싶어."

그의 위로에 코끝이 찡해졌다.

이틀 후에 제리와 신디를 애완견 센터에 맡기러 갔는데, 신디가 차에서 안 내리려고 버티는 바람에 혼쭐이 났다. 억지로 끌어냈을 때 신디의 눈이 얼마나 슬퍼 보였던지 덩달아 울음을 참을 수가 없었다. 가족들이 하나 둘씩 흩어져야만 하는 현실에서 내가 할 수 있는 일이란 아무것도 없었다.

토요일 아침에 함께 뮌헨에 가기로 했던 사라가 나직이 말했다.

"아빠, 난 할머니랑 있을래."

주말에 가족과 함께 지내다가 일요일 저녁이면 다시 이별하는 게 너무 슬퍼서 그러는 것 같았다. 나는 사라의 마음을 충분히 이해했다. 그리고 사라만이라도 규칙적인 생활을 해주길 바랐다. 물론 이 상황이 혼란스럽긴 하겠지만, 외할머니 손길 안에 머무는 편이 사라에겐 안정감을 줄 수 있으리라 생각했다.

한편 카렌은 사라가 오지 않은 게 못내 서운한 모양이었다. 물론 사라와 내 결정을 아내는 이해해 주었다.

"소피아가 잘 견뎌주고 있어."

항생제 치료는 일요일까지 계속되었다. 때마침 사라가 병원으로 전화를 했고, 딸아이의 목소리를 들은 카렌은 눈이 초롱초롱해져선 다시금 힘을 얻은 듯했다. 두 번째 항암치료를 시작하기 전에 아내와 소피아를 데리고 잠시나마 집에 다녀오려고 했지만, 의사는 월요일부터 시작하는 편이 좋겠다고 말했다.

몇 주가 흘렀고, 나는 병원과 회사를 오가는 생활에 익숙해졌다. 드디어 소피아의 암세포가 완전히 사라졌는지를 검사하는 날이 되었다. 우리는 얼어붙은 것처럼 긴장해 있었다.

'암세포가 다 사라졌을까? 결과가 안 좋으면 어쩌지?'

다행히 좋은 소식이 전해졌다.

"암세포가 사라졌습니다."

나는 너무 기뻐서 덩실덩실 춤을 추었고, 의사도 함께 기뻐해 주었다. 몇 주 전까지만 해도 결코 상상할 수 없었던 결과였다.

소피아는 많이 약해졌으나 한편 천천히 자라고 있었다. 아내는 한 손으로 링거 스탠드를 끌고, 나머지 한 손으로 소피아의 손을 잡고는 아이가 첫걸음마를 뗄 수 있도록 도와주었다. 소피아가 처음으로 걸었을 때 나는 가슴이 벅차서 숨까지 못

쉴 지경이었다. 소피아는 금방이라도 넘어질 듯하면서도 넘어지지 않고 열심히 걸었다. 햇살이 비추는 잔디 위에서 상쾌한 공기를 마시며 첫걸음마를 시작하는 또래아이들과 달리, 소피아는 링거를 꽂은 채 약 냄새가 진동하는 병원의 차디찬 바닥에서 힘겹게 첫걸음마를 뗐다. 그러나 우리는 고통을 견디며 인생의 첫걸음을 시작한 아기 전사가 얼마나 대견했는지 모른다. 소피아는 나를 바라보며 한 걸음 한 걸음 넘어질 듯 다가왔다.

병원에 또래가 없던 소피아에게도 친구가 생겼다. 페르디난트라는 남자아이였는데, 소피아보다 두 달이 어렸다. 그 아이도 백혈병으로 입원한 것이었다. 카렌과 페르디난트의 엄마는 금세 친구가 되어 번갈아가면서 아이들을 돌보았다. 병원의 새로운 막둥이가 된 페르디난트는 소피아와 비슷한 치료 과정을 거쳤다.

유모차에 앉을 때면 퍼디난드는 큰 눈으로 곧잘 나를 바라보았다. 그래서 나는 지금도 그 아이의 얼굴을 또렷이 기억하고 있다. 아주 잘생겼고 눈이 깊어서 꼭 어른 같았다. 그러나 어딘가 모르게 슬퍼 보여서 나는 페르디난트를 볼 때마다 쓰다듬으며 힘을 주었다.

"힘내라, 페르디난트! 더욱 강해져서 꼭 이겨내야 해!"

그러나 페르디난트는 몇 주 뒤에 하늘나라로 떠났다. 죽기 전날 잠시 돌아간 집에서 조용히, 편안하게 눈을 감았다.

아내에게서 페르디난트의 소식을 들었을 때 나는 더 이상 아무 얘기도 듣고 싶지 않았다. 화가 났고 두려워서 결국 울고 말았다. 그러나 그럴수록 의지는 더욱 강해졌다.

"너따위 몹쓸 병마에게 우리 소피아를 빼앗길 것 같아? 어림도 없지! 소피아가 너를 이기고 말 거다. 두고 봐."

병원에선 어느 누구도 죽음을 입에 올리지 않았다. 다른 환자나 그 보호자가 모르게 하려는 것 같았다. 환자의 죽음 뒤에 의사와 간호사의 표정을 보며 누가 형식적인지, 누가 진정으로 애도하는지 알 수 있었다.

소피아의 치료가 진행되고 있는 중에 골수 수술 가능성이 있어서 맞는 골수를 찾아야 했다. 나와 카렌 그리고 사라는 멤민겐에 있는 병원에서 혈액 검사를 받았다. 소아과 의사는 좋은 사람이었다. 사라에게 이것저것 친절하게 설명해 주었고, 주삿바늘로 아프게 해서 미안하다고까지 했다. 그래도 사라는 긴장을 많이 했던 터라 주삿바늘이 들어가기도 전에 지레 겁을 먹고서 울었다. 옆에서 지켜보기가 힘이 들었던 나는 혈액 검사가 끝났을 때 사라의 눈물을 닦으며 꼭 안아주었다. 모든 관심이 소피아에게 쏠려 있었으므로 사라는 더 힘들어하는 듯했다.

며칠 뒤에 나온 혈액 검사 결과는 절망적이었다.

우리의 골수가 소피아에게 맞지 않았다. 그나마 내 골수가 80퍼센트 일치했지만 소용없는 것이었고, 결국은 골수 은행에서 맞는 골수를 찾아야 했다.

오랜만에 놀이방을 찾은 소피아는 잠시나마 지겨운 병원과 침대를 잊을 수 있었다. 놀이방에선 선생님들이 아이들을 돌봐주었다. 아이들은 손으로 뭔가 만드는 걸 좋아했는데, 특히 인형 만들기를 아주 재밌어했다. 아이들에게 인형은 영웅이었고, 악한 암세포를 없애주는 존재였다.

인형은 머리카락이 빨간색이었고, 모자와 안경을 쓰고 있었다. 아이들은 인형이 안경을 써야 암세포를 잘 찾아낼 수 있다고 생각한 모양이었다. 소피아는 너무 어려서 아직은 인형을 만들지 못했다. 그러던 어느 날 사라가 자신이 만든 인형을 가지고 와서 자랑했다.

"이거 만든다고 엄청 힘들었어. 소피아 주려고 만든 거야. 나 잘했지?"

자신도 무척 갖고 싶었을 그 인형을 아픈 동생에게 주려고 만든 사라가 자랑스럽고 대견했다.

몇 주가 흘렀고, 소피아는 조금씩 좋아졌다. 그렇지만 가슴 한편엔 소피아가 한순간에 위험해질 수도 있다는 사실이 무겁게 자리하고 있었다.

어느 날 회사에 있을 때 아내에게서 전화가 왔다.

"MTX 때문에 이상이 생겼어. 약물을 빼내려고 했지만 안 나와. 소피아가 위험해."

곧장 달려가려고 수화기를 놓으려는데 카렌이 말렸다.

"약물을 제거하는 수술에 들어갔어. 당신은 그냥 거기 있어. 다시 전화할게."

떨리는 손으로 수화기를 내려놓았다. 식은땀이 흘렀고 온몸이 떨렸다. 나를 찾는 손님이 없는 게 다행이었다. 머릿속이 텅 빈 데다가 당장이라도 쓰러질 것만 같았다. 그러나 소피아에게 사랑과 힘을 보내며 침착하게 기다리기로 마음을 다잡았다.

한 시간 뒤에 카렌에게서 전화가 왔다.

"위험한 고비는 넘겼어."

그제야 비로소 숨을 돌릴 수 있었다. 아기 전사가 이긴 것이다. 힘겨운 싸움에서 승리를 거둔 소피아가 너무도 보고 싶었다.

그러나 며칠 뒤에 또 악몽 같은 일이 다시 벌어졌다. 초음파 검사에서 소피아의 신장이 많이 부은 게 발견되었다. 의사는 약물 부작용 때문에 생긴 일이며, 정확한 상태를 알려면 좀 더 기다려야 한다고 했다.

백혈병은 우리에게 힘겨운 고통과 더불어 한 가지 교훈을 안겨주었다. 가족이 함께 보내는 시간은 1분 1초라 해도 더없이 소중하다는 사실을 말이다.

예전엔 아이들의 미래를 위해 돈을 많이 버는 게 중요하다고 생각했지만, 이제는 단 1초라도 아이들과 함께 하는 시간이 중요했다. 물론 미래를 준비하며 사는 것도 좋지만, 더 중요한 건 현재의 시간을 충실히 사는 일이었다.

소피아의 첫 번째 생일

1999년 9월 24일, 소피아가 첫 번째 생일을 맞았다. 소피아에게 잊지 못할 생일파티를 열어주고 싶어 어떤 게 좋을까 고민하다가, 아이가 좋아하는 풍선을 하늘을 향해 날려 보내기로 했다. 아주 많은 풍선을 말이다.

풍선에 소피아의 사진을 달았는데, 사진 뒤엔 소피아의 이야기를 담아놓았고 마지막엔 풍선을 받은 사람에게 답장을 부탁하는 내용도 덧붙였다. 한편 사람들에게 보낸 초청 카드엔 소피아가 열이 나면 파티를 할 수 없다는 얘기도 조심스레 언급해 놓았다.

색색의 풍선 60개를 정원에 묶어두니 동화책에서나 볼 수 있는 아름다운 풍경이 펼쳐졌다. 소피아는 다행히 열도 안 났고, 기분도 아주 좋아 보였다. 많은 사람들에게서 축하를 받았기 때문일까? 손님들이 들어올 때마다 그들에게 풍선 하나를 골라 하늘로 날려달라고 부탁했다. 풍선이 하나씩 날아오르면 우리는 시야에서 사라질 때까지 지켜보았다. 어디로 갈까? 누구에게 전해질까? 답장은 몇 통쯤 올까?

나는 줄곧 소피아를 안고 있었다. 소피아도 풍선이 하늘로 멀리멀리 날아가는 게 재밌어 보였는지 눈을 떼지 않았다. 소피아와 함께 빨간 풍선을 날려 보내려고 했을 때 문득 이런 생각이 엄습해 왔다.

'이게 소피아의 처음이자 마지막 생일이 될지도 몰라.'

눈물이 핑 돌았다. 그러나 이내 고개를 가로저으며 마음을 강하게 먹었다.

'오늘은 소피아의 날이야. 이런 날은 내년에도, 내후년에도 다시 돌아올 거야. 아무 걱정 말고 예쁜 풍선에 달린 희망만 생각하자.'

모두들 즐거운 시간을 보내며 소피아를 축하해 주었지만, 염려하는 마음 또한 큰 것도 사실이었다. 소피아 역시 갑자기 많은 사람들에게 둘러싸여 불안해 보였다. 그동안 병원에서 살다시피 한 아이에게 그 많은 사람들이 얼마나 낯설었겠는가.

소피아는 갑자기 울음을 터뜨렸다. 그래도 여러 가지 선물을 들어 보이며 달래주니 금세 뚝 그치곤 방글방글 웃기 시작했다. 소피아의 첫 번째 생일날엔 희망과 두려움이 교차했다.

그날 밤에 소피아는 꽤 피곤해 보였지만, 살포시 미소를 지으며 잠이 들었다. 첫 번째 생일날은 소피아에게 무척 행복한 시간이었을 것이다. 예쁘게 잠든 소피아를 바라보며 행복한 꿈을 꿨으면 좋겠다고 기도하면서 아이의 얼굴을 살며시 매만져주었다. 어느새 내 마음엔 평화가 자리했고, 그 순간 시간은 아득히 멈춰버린 것 같았다.

다음 항암치료를 받을 때까지 소피아의 체온은 안정적이었다. 나는 일이 끝나면 곧장 집으로 돌아와 소피아와 함께 시간을 보냈다. 아이가 잠을 제대로 이루지 못하면, 품에 안고는 우리가 좋아하는 음악을 들려주었다. 소피아는 〈브레이브 하트〉의 영화음악을 좋아했다. 그걸 들려주면 새근새근 잠이 들었다. 조용한 음악이 흐르는 가운데 소피아를 꼭 안고서 등을 쓰다듬으며 방 안을 거닐면, 아내는 소피아와 내가 아주 특별한 커플처럼 보인다고 했다.

소피아와 나는 정말 특별한 커플이었다. 그 무엇도 우리를 갈라놓을 순 없었다. 얼마 뒤에 놀랍게도 풍선을 받은 사람들에게서 답장이 날아왔다. 30통쯤 온 것으로 기억된다. 풍선에 달린 카드가 빗물에 젖어 글을 제대로 읽을 수 없었을 텐데도 말이다. 풍선 대부분은 마을 근처에 떨어졌으나, 오스트리아까지 날아간 것도 있었다.

그곳에서 답장을 보내준 가족과는 오랫동안 편지를 주고받기도 했다. 많은 이들이 소피아의 이야기를 보고 감동 받았고,

우리 가족은 그들이 전해 준 답장으로 큰 위로를 받았다.

소피아가 다시 초음파 검사를 받은 결과, 신장 크기가 원래대로 회복되었다는 사실을 알게 되었다. 소피아가 고통스러운 산 하나를 넘은 것이었다. 그 후 몇 달간은 큰일 없이 잘 지냈다. 항암치료를 받는 사이 자주 열이 나긴 했으나, 이제 웬만한 상황엔 익숙해져 있었다. 크리스마스가 다가오자, 소피아가 집에서 보낼 수 있길 간절히 바랐다.

그리고 감사하게도 그 바람이 이뤄졌다. 온 가족이 함께 따스한 집에서 크리스마스를 보낼 수 있게 된 사실이 믿기지가 않았다. 크리스마스트리를 만들며 절로 눈물이 날 정도로 감격스러웠다. 그러나 그렇다고 해서 죽음에 대한 걱정이 지워진 건 아니었다.

'내년 이 시간에 우리 가족은 과연 그대로일까, 아니면 세 명이 돼버릴까?'

저녁에 우리 딸들은 선물 때문에 신이 났다. 나는 그때 소피아의 모습을 잊을 수가 없다. 머리카락은 다 빠지고 얼굴은 창백했으나, 형형색색으로 빛나는 크리스마스트리를 보는 순간 소피아의 눈은 트리보다 더 밝게 빛이 났다. 사라는 벌써 선물을 풀고 있는데도 소피아는 입을 다물지 못한 채 크리스마스트리를 바라보고 있었다. 소피아는 꼭 이렇게 말하고 싶어 하는 것 같았다.

"산타할아버지가 나한테 이렇게 예쁜 선물을 주셨어."

외할머니와 외할아버지도 많은 선물을 안겨주셨다. 소피아는 플라스틱 목마를 받고 너무 좋아했다. 목마는 소피아보다 훨씬 컸지만, 씩씩한 아기 전사는 이에 굴하지 않고 타려고 노력했다. 어른들은 소피아가 목마를 타고 앞뒤로 흔들며 노는 게 불안했다. 그와 달리 소피아는 전혀 무서워하지 않고 방글방글 웃으며 즐거워했다. 그 순간만큼은 긴 호스와 날카로운 주삿바늘에서 해방된, 자유로운 시간이었다.

2000년 새해가 되기 전날, 딸들은 자정에 있을 불꽃놀이를 보려고 했으나 10시쯤에 잠이 들었다. 그래서 아내와 나는 오붓하게 새해를 맞으며 샴페인을 마셨다. 텔레비전에선 새로운 세기를 떠들썩하게 맞는 사람들의 모습을 보여주었다. 그들처럼 마냥 즐거워할 순 없는 상황이었지만, 가족이 함께 아늑한 집에서 크리스마스와 새해를 맞은 것에 더없이 감사한 생각이 들었다.

그 무엇보다도 소피아가 잘 견뎌준 게 너무도 기뻤다. 새해를 맞은 우리의 소망은 명예도, 돈도 아니었다. 오로지 내년에도 소피아와 함께 크리스마스와 새해를 보내는 것이었다.

새해가 활기차게 시작되었다. 항암치료는 잘 진행되었고, 의사도 소피아의 호전된 상태를 보고 기뻐했다. 복용하는 약의 양을 줄였고, 몇 주 뒤에는 히크만카테터를 몸에서 빼내는 수술을 받았다.

이제 링거는 그만 맞아도 되었지만 혈액 검사는 더 많아질 것이었다.

"이런 치료법으로 암세포가 없어진 상태가 유지되면 긍정적인 결과를 기대할 수 있습니다."

그러나 의사의 말에 우리는 왠지 모르게 두려워졌다.

'암세포가 다시 생기면 어쩌지?'

항암치료가 끝났을 때 홀가분하면서도 이상한 느낌이 들었다. 그동안 평범한 가정과는 너무도 다른 생활을 했기 때문에 그런 것이라고 생각했다.

아이가 걸음마를 배우는 것처럼, 우리도 다시 걷는 법을 배워야 할 것만 같았다.

소피아는 여전히 병원에 입원해 있었다. 조금씩 좋아지고 있었으므로 의사는 치료될 확률이 높다고 했다. 그때 솔직하게 물었다.

"병이 재발하면 어떻게 됩니까?"

그러자 의사는 잠시 머뭇거리더니 대답했다.

"지금 상태에서 재발하는 일은 없을 겁니다."

나는 다시 똑같은 질문을 던졌다.

"그래도 병이 재발하면요?"

선생님은 어렵게 입을 열었다.

"상황이 심각해집니다. 골수 수술을 받아야 하지요. 그렇지만 지금 상태는 아주 좋습니다. 암이 치료된 상태입니다."

II

굿바이 히키

2000년 3월 1일, 드디어 '굿바이 히키' 파티가 열렸다. 병원에선 히크만카테터를 제거하는 걸 두고 그렇게 불렀다. 그런데 나는 정맥두염을 앓아 집에 누워 있느라 파티에 참석하지 못했다. 나는 그것을 두고 두고 후회했다. 병원에서 소피아에게 '굿바이 히키' 노래를 불러주는 걸 듣고 싶었는데 말이다.

깜빡 잠이 들었다가 문이 열리는 소리에 얼른 일어났다. 우리 집 털북숭이 녀석 두 마리가 소피아를 보고 야단법석이었다. 물론 신디는 소피아의 곁에서 떨어질 생각을 안 했다. 소피아가 굿바이 히키 셔츠를 입고 있었는데, 거기엔 소피아 이름과 히크만카테터를 제거한 날짜가 적혀 있었다. 그날이 꼭 소피아의 생일인 것만 같았다. 새롭게 태어난 날 말이다.

티셔츠엔 또한 함께 치료를 받고 있던 아이들의 이름과 모두가 건강해지길 바라는 소망이 담겨 있었다. 나는 데니스란 이름을 물끄러미 바라보았다. 프렌치프라이를 먹으면서 병원 복도를 방방 뛰어다니던 장난꾸러기 녀석.

우리는 데니스에게 남은 시간이 별로 없다는 걸 알고 있었다. 웃고 장난치길 좋아하는 그 녀석이 곧 땅에 묻힐 거라 생각하니, 목이 메여 아무런 말도 할 수가 없었다.

소피아는 약을 계속 먹어야 했고, 한 달에 한 번씩 혈액 검사를 받아야 했다. 혈액 검사를 하고 결과를 기다리는 건 여전히 피가 마르는 일이었다. 결과가 나왔을 때 "결과가 좋아요. 괜찮습니다"라는 얘길 들어야 다시 한 달을 살아갈 수 있겠다는 안도감이 들었다.

소피아는 아주 잘 자라주었다. 머리카락도 빨라 자라서 어느새 예쁜 금발머리 꼬맹이가 되었다. 하루하루를 즐겁게 보내면서 소피아는 모든 것에 호기심을 보였다. 주변 친구들은 소피아의 이런 모습을 재밌어했다.

소피아의 병을 통해서 아내와 나는 생각하는 게 많이 달라졌고, 순간순간을 소중히 여겼다. 우리는 더 보람차고 행복하게 살기를 바랐다. 미래를 생각하는 것보다 오늘과 지금 이 순간이 더 중요했다. 봄이 되었을 때 우리 가족은 주말마다 파티를 열었다. 로저와 그의 아내 코린나는 우리가 병원에 있는 동안 참

다운 친구가 무엇인지를 알게 해준 소중한 사람들이다. 그들의 딸인 리사와 아나는 우리 딸들과 동갑내기라 함께 잘 놀았고, 우리도 좋은 시간을 보냈다.

소피아는 겁이 없었다. 나이가 훨씬 많은 언니 오빠에게도 안 지려고 기를 썼다. 사라도 소피아에겐 지고 말았다. 또한 소피아는 좋아하는 사람에겐 사랑 표현을 적극적으로 했다. 신디에게 배웠는지 뽀뽀를 할 때면 상대방에게 침을 흠뻑 묻혀놓았다. 신디도 다시 예전처럼 활발해졌고, 틈틈이 우리 가족을 핥아대며 꼬리를 쳤다.

우리 가족은 규칙적으로 산책을 했다. 어느 날은 소피아가 갑자기 땅에 주저앉더니 뭔가를 신기한 듯 쳐다보았다. 옆에 가서 봤더니, 달팽이가 열심히 기어가고 있었다.

소피아와 신디의 눈은 달팽이에서 떠날 줄을 몰랐다. 소피아가 물었다.

"아빠, 이게 뭐야?"

"그건 달팽이야. 굉장히 느리지? 달팽이가 숲 속을 기어 다니려면 시간이 많이 걸려."

그러자 소피아가 걱정스러운 얼굴로 말했다.

"아빠, 달팽이 아야 하지 마."

걸어 다닐 때 달팽이를 밟지 않게 조심하라는 말이었다. 소피아는 달팽이를 집어 들더니 길을 건너게 해주었다. 자동차에

밟혀서 죽을까 봐 걱정이 되었던 것이다. 소피아는 사람에게든 동물에게든 진심을 다하는 아이였다.

날이 갈수록 신디와 소피아는 친해졌다. 소피아는 신디의 목줄을 숨기는 장난을 쳤다. 그러고는 목줄을 찾아 온 집안을 팔짝팔짝 뛰어다니는 신디를 쫓아가 와락 안아버렸고, 신디는 자기가 뭘 찾고 있었는지도 잊어버린 채 소피아와 데굴데굴 굴렀다. 그때 신디의 털 속 깊이 파고들던 소피아의 환한 모습을 잊을 수가 없다.

여름이 되면 마을은 어린이날과 어부의 날로 분주해졌다. 어린이날엔 마을의 모든 여자아이들이 꽃으로 만든 관을 쓰는 오랜 전통이 있었는데, 두 딸 역시 그 화관을 쓴다는 기대에 부풀어 하하 호호 웃으며 흥분을 감추지 못했다.

지난 어린이날엔 소피아가 병원에 있는 바람에 사라가 화관을 쓴 모습을 보지 못했다. 그렇지만 이번엔 사라와 소피아 둘 다 화관을 쓰게 되었다. 카렌이 만든 화관을 작은 머리에 쓰고 소피아는 자랑스러운 표정을 지으며 주위를 둘러보았다. 꽃의 요정이 된 두 딸의 모습을 보는 내 마음도 자랑스러움으로 벅차올랐다.

행사가 무르익을 때 즈음이면 어린이날 행사의 하이라이트인 어린이 퍼레이드가 시작된다. 우리도 선생님들과 함께 어린이 가장 퍼레이드에 합류했다. 퍼레이드가 진행되는 동안 마을 사람들은 길가에 모여 이 행렬을 즐겁게 구경했다. 장인 어른과 장모님도 참석해 화려한 행렬을 바라보며 미소를 짓고 계셨다.

난생처음 퍼레이드에 참가한 소피아는 백성에게 환영을 받는 공주처럼 구경 나온 사람들을 향해 손을 흔들었다. 아이들이 입은 형형색색의 옷과 화려한 화관이 빚어낸 빛의 향연은 숨이 막히도록 아름다웠다.

그해 9월과 10월 사이, 우리 가족은 보험회사를 통해 어린이 암환자를 위한 독일 북해에 있는 쥘트 휴양지에 갈 수 있게 되었다. 사라의 생일은 10월 19일이고 소피아는 9월 24일이었으므로, 그곳에서 두 딸의 생일도 보낼 예정이었다.

아내는 그 기회를 무척이나 감사하게 생각했는데, 그도 그럴 것이 그동안 소피아의 치료에 온통 매달려 있던 터라 부부 사이가 소원해진 것 같기도 했기 때문이다. 대화 주제도 늘 소피아의 치료에 대한 것뿐이었으니 오죽할까. 우리 부부는 신혼까지는 아니더라도 좀 더 애틋하고 소중한 시간을 보내기로 했다.

휴양지에 도착했을 때, 감사하게도 무척 많은 분들이 우리를 위해 마음을 써주셨다. 한 집에 세 가정이 함께 머물게 되었고, 아이들은 연령별로 오전수업을 받았다. 소피아와 사라는 보육

교사와 아이들로 구성된 그룹에서 유익한 시간을 보내며 무척 즐거워했다. 덕분에 우리 부부는 해변을 거닐며 오랜만에 둘만의 시간을 누렸다.

쥘트에서 보낸 4주는 우리 가족에게 행복한 순간이었다. 나는 소피아가 남자친구와 뽀뽀를 하는 역사적인 장면을 목격하기도 했다. 그곳에서 소피아는 자기보다 한 살 많은 남자아이와 오누이처럼 잘 어울렸는데, 하루는 소피아가 그 아이에게 다가가 무턱대고 뽀뽀를 하고 만 것이다.

소피아의 갑작스러운 행동에 남자친구는 무척 당황하며 얼굴이 발개졌지만, 소피아는 무슨 일이라도 있었냐는 듯 아무렇지도 않게 다시 놀이에 열중했다. 역시 소피아였다. 그런 소피아를 바라보면 행복한 웃음이 끊이지가 않았다.

어느덧, 꿈만 같던 4주가 지나 섬을 떠나는 날이 되었다. 그날 아침에 나는 홀로 해변에 앉아 철썩이는 파도소리를 들었다. 끝없이 펼쳐진 푸른 바다와 맑은 하늘이 하나가 되어 있었다. 여기가 천국이리라….

우리는 짐을 챙겨 들었다. 천국을 뒤로하고 다시 현실세계로 돌아가야 할 시간이었다. 그렇게 집으로 돌아가는 길에 문득 가슴이 뭉클해져선 눈물이 핑 돌았다. 이런 행복이 마지막일지도 모른다는 생각이 들었던 건 왜일까? 나는 흘러가는 시간을 잠시 원망했다.

집으로 돌아와서 그동안 쌓인 편지들을 정리하기 시작했다. 그런데 편지더미 사이에서 테두리가 까만 편지(독일에서는 상을 당했을 때 주위에 검은색으로 띠를 두른 편지를 보냄-옮긴이)가 눈에 띄었다. 그 순간 아내가 펑펑 울면서 카드와 사진을 내밀었다. 사진 속에서 한 아이가 웃고 있었다. 나는 힘을 잃고 털썩 가방을 떨어뜨렸다. 또 한 어린아이가 고통스럽게 암과 싸우다가 세상을 떠나고 말았다. 행복했던 순간도 잠시, 다시 현실로 돌아와 죽음의 공포에 몸을 떨고 있었다.

나는 단 한 번도 그런 카드를 받고 답장을 한 적이 없었다. 아니, 할 수가 없었다. 자식을 잃은 부모에게 감히 어떤 말을 할 수 있단 말인가? 소피아는 다행히 건강했지만, 우리는 한 달에 한 번 받는 혈액 검사에서 암이 재발했다는 소식을 들을까 봐 늘 불안하고 초조했다.

크리스마스가 지나고 새해가 밝았다. 우리 가족은 로저의 가족과 함께 밤늦게까지 불꽃놀이를 보며 2001년 새해를 맞이했다. 즐거운 불꽃놀이와 함께 시작된 2001년은 우리 가족에게 참 행복한 한 해였다. 소피아는 여전히 매달 혈액 검사를 받았지만 다행히 건강했고, 우리는 소피아가 계속 건강할 것이라 굳게 믿게 되었다.

2001년 봄으로 접어들던 어느 날, 신디와 산책을 하다가 이상한 일을 겪게 되었다. 모르는 사람에게는 잘 가지 않던 신디가 갑자기 벤치에 앉은 노부부에게 달려갔던 것이다. 나는 예상치 못한 신디의 행동에 당황했지만, 신디는 노부부 앞에 얌전히 앉아 있을 뿐이었다. 할머니는 웃으면서 신디의 머리를 쓰다듬어주었다.

부부 곁으로 가서 이런저런 이야기를 나누는데, 할머니가 슬픈 눈으로 얼마 전 백혈병으로 자녀를 잃었다고 말했다. 신디가 그런 사실을 알아차리기라도 한 걸까? 무척이나 놀란 아내와 나는 그들에게 소피아 이야기를 들려줬다. 할머니는 어느새 눈물이 가득 고인 눈으로 힘겹게 말을 이었다.

"얼른 튼튼해져야지. 꼭 나을 거야."

나는 끝내 눈물을 참지 못하고서 울어버렸다. 처음 마주하는 분들이었지만 자식을 잃은 부모의 심정이 절실히 다가온 것이다. 얼마나 가슴이 아플까? 자식이 얼마나 그리울까? 그 아픔을 어떻게 견딜 수 있을까?

요즘도 산책을 하다 보면 그 부부를 만나곤 한다. 우리는 소피아를 통해 똑같은 고통과 싸우고 있는 사람들을 많이 만날 수 있었다. 그들은 우리에게, 아니 서로에게 있어 하나같이 소중한 사람들이었다. 그들과의 만남은 결코 우연이 아닌 듯했다.

그해에 우리 부부는 좋은 친구를 사귀게 되었다. 남아프리카공화국 위에 있는 나미비아라는 국가의 수도 빈트후크에서 온 부부로, 볼프강과 비르깃이다. 카렌이 운동하러 갔다가 우연히 비르깃을 알게 되었는데, 비르깃이 우리 개들을 보며 정말 좋아했단다. 곧 카렌은 비르깃 부부를 집으로 초청했고, 그날 유쾌한 시간을 보내며 밤늦게까지 이야기를 나누었다. 그 부부는 처음부터 우리와 죽이 잘 맞는 친구였다. 우리는 계속 만나며 더욱 각별한 친구 사이가 되었다.

약 치료가 끝난 날

여름에 우리 가족은 북쪽 지방으로 캠핑을 갔다. 우리 가족의 첫 여름휴가인 셈이었다. 소피아와 사라는 이번 캠핑이 잔뜩 기대된다는 듯 아침 일찍부터 캠핑카에서 나와 고무장화를 신고 젖은 잔디 위를 사뿐사뿐 걷고 있었다.

넓은 들판 위에서 연날리기를 했는데, 소피아는 무척 재밌어 하며 까르르 웃음을 터뜨렸다. 소피아와 나는 열심히 연을 날린 뒤에 나란히 서서 하늘 높이 솟아오르는 연을 바라보았다. 들판을 지나는 바람이 머리카락을 스쳤고, 연은 힘차게 하늘을 날고 있었다. 시원스럽게 날아오르는 저 연처럼 소피아도 모든 것을 이겨내고 자유롭게 훨훨 날아오르길 기도하고 또 기도했다.

휴가 중에 소피아는 처방 받은 항암치료약을 모두 복용하게 되었다. 나는 소피아의 항암치료약 복용이 끝나면 큰 파티를 해야겠다고 생각했다. 막상 그날이 되자 백혈병이 갑작스레 찾아왔던 그 순간처럼, 갑작스레 사라져버린 듯한 느낌이 들었다. 악몽 같은 꿈에서 드디어 깨어난 것만 같았다.

우리는 평범한 가족이다. 평범하게 휴가를 보낸다. 조개를 캐고, 모래성도 만들고, 자전거를 타고 연을 날릴 수도 있다. 평범한 모든 것이 진정한 삶이라는 선물이었다.

소피아가 아직 세 살도 안 되었을 무렵, 유치원에 무척이나 가고 싶어 했다. 소피아는 나이는 어렸지만 고통을 경험해서인지 정신적으로 많이 성숙해 있었다.

소피아가 처음으로 유치원에 가던 날, 아내가 소피아를 데리고 유치원 선생님인 콘니와 만날 때 그 아이는 아무런 거리낌 없이 "엄마, 이제 가도 돼. 난 여기 있을게"라고 말했단다. 그리고 아내가 데리러 갔을 때도 "싫어, 나 아직 집에 안 갈래. 여기서 좀 더 놀다 갈래"라고 말해서 섭섭할 정도였다고 한다.

소피아는 유치원에서도 다른 아이들보다 활기찼다. 유치원에서 찍은 사진마다 소피아는 항상 중간에서 함박미소를 짓고 있었다. 소피아는 유치원에서 사진 찍는 날을 꽤나 중요하게 생각했고, 사진을 찍기 며칠 전부터 우리를 따라다니며 "엄마 아빠, 이제 사진 찍는 날이에요. 아, 예쁘게 찍어야 되는데!" 하며 흥분을 감추지 못했다. 그때 소피아는 지금의 우리에게 너무도 소중한 사진 선물을 남긴 셈이다.

소피아가 유치원에 들어간 해에 사라는 학교에 입학했다. 사라가 처음으로 학교에 가던 날 나는 휴가를 받아 딸의 입학식에 참가했다. 딸이 학교를 다니게 된다는 생각에 가슴이 무척이나 뿌듯했다. 그날 내가 찍은 사진을 보면 사라가 씩씩한 모습으로 학교 가방을 들고 또 한 손으로는 소피아의 손을 잡고 있다. 소피아는 그런 사라를 올려다보고 있는데, 그 순간 소피아의 표정은 마치 "언니는 이제 학생이구나" 하며 부러워하는 것만 같다. 소피아는 언니에게 대들 때도 많았지만, 그날만은 언니를 우러러보는 듯했다.

누군가 소피아 이야기를 해달라고 한다면 나는 언제까지라도 그 아이에 대해 말할 수 있을 것이다.

소피아는 너무도 사랑스러운 아이였다. 내가 항상 꿈꾸었던 아이로 잘 자라주었다. 나는 소피아를 그 무엇보다도 아꼈기에, 아이가 잘못을 하더라도 차마 혼낼 수가 없었다. 그동안 병으로 고생한 것을 생각하면 뭐라고 할 수가 없었던 것이다.

소피아가 큰 잘못을 해서 할 수 없이 혼을 내야 할 상황이 되면 나는 가슴이 아파 견딜 수가 없었다. 다른 아빠들도 물론 그렇겠지만, 나는 텔레파시로라도 소피아에게 아빠의 마음을 알려주고 싶었다.

'소피아, 아빠 마음 알지?'

그러면 신기하게도 소피아는 그런 나를 이해하는 것 같았다.

삶의 속도

소피아는 참 밝은 아이였다. 무엇이든 소피아가 하면 재미있는 놀이가 되었다. 쌀쌀한 가을이 되었지만, 소피아는 병원에서 받은 주사기에 물을 넣고서 물총처럼 신나게 쏘아대곤 했다. 그럴 때면 정원으로 도망쳐보지만 온 가족이 흠뻑 젖은 후에야 소피아는 물총 놀이를 멈추었다. 옛날에 자신에게 고통을 주던 주사기를 들고서 그토록 천진난만하게 물총 놀이를 즐길 수 있다니, 역시 소피아다웠다.

그러나 소피아는 때로 무서울 정도로 공격적인 성격을 보였다. 순식간에 장난감을 부숴버리곤 하는 것이었다. 어린 시절 병원에서 고통 받았던 시간에 대한 분노의 표현이었을까? 장난감을 부술 때마다 벌을 줬지만, 소피아는 화가 나면 또 장난감을 부숴댔다.

자신의 뜻대로 되지 않으면 소피아는 불같이 화를 냈다. 시장을 보러 갈 때면 이것저것 사달라며 보채기 일쑤였고, 안 된다고 할라치면 바닥에 드러누워 발을 버둥대면서 온 가게가 떠나갈 듯이 악을 쓰며 소리를 질렀다. 모르는 사람이 봤다면 우리 부부가 소피아를 폭행하는 줄로 착각할 정도였다. 소피아는 원하는 것을 얻기 위해 갖은 떼를 써댔고, 우리는 늘 소피아에게 KO패를 당할 수밖에 없었다.

유치원에 있을 때면 다행히도 그런 일은 없었고, 친구도 사귀어서 잘 지내고 있었다. 세 번째 생일이 다가오자 소피아는 파티에 누구를 초대하고 누구는 초대하지 않겠다고 자기 의사를 확실히 밝힐 정도로 영특한 아이였다.

소피아가 다른 아이들과 놀고 있는 모습을 보면 그들에 비해 정신적으로 훨씬 성숙하다는 것을 알 수 있다. 한편으로는 화도 잘 내고 과격했지만, 또 한편으로는 놀라울 정도로 주변 사람을 잘 이해해 줬다. 소피아와 이야기를 하고 있노라면 어른과 대화하는 느낌이 들 정도였다. 세 살 먹은 유치원 꼬마와 얘기한다고는 믿기 어려울 지경이다.

물론 어쩔 수 없는 아이일 때도 많았다. 하루는 로저 부부와 우리 부부가 함께 커피를 마시며 이야기를 나누는 사이에, 소피아가 로저의 막내딸인 리사와 함께 목욕탕에 들어가 비누와 치약을 가지고 욕실에 온통 난동을 부려놓은 것이었다. 혼을 내려던 나는 거품으로 범벅이 된 둘의 꼴이 너무 웃겨서 그냥 웃어넘기고 말았다.

소피아는 그림 그리기를 좋아했는데, 특히 꽃과 해를 좋아해 항상 그것만 그렸다. 소피아는 꽃 중에서도 데이지를 가장 좋아했다. 데이지를 꺾을 때면 소피아는 얼마나 집중했는지 모른다. 이 세상에 자신과 데이지만 존재하는 것처럼 말이다.

소피아는 햇볕도 좋아해서, 날씨가 좋은 날이면 으레 정원에 앉아 일광욕을 즐겼다. 눈부신 햇살 아래에서 평온한 미소를 짓고 있던 소피아는 결코 세 살배기 같지 않았다. 지금도 햇살 좋은 날 정원을 바라보면, 햇살을 가득 담은 소피아의 모습이 바로 어제 일처럼 생생하게 떠오른다.

볼프강과 비르깃이 고향에 있는 동물원의 사자와 호랑이 이야기를 할 때면 소피아는 조용히 앉아 그들의 이야기를 경청했다. 향수에 흠뻑 젖은 비르깃은 독일을 별로 안 좋아했다.

"독일은 너무 막혀 있어 답답해."

그녀는 항상 아프리카의 넓은 들판을 그리워했다.

그리고 우리가 우려했던 일이 일어났다. 볼프강과 비르깃이 연말에 다시 아프리카로 가기로 결정한 것이었다. 그 결정이 우리에게는 적잖은 충격이었다. 그러나 그들에게 내색이라도 하면 이별이 더 힘들어질 것 같아 애써 괜찮은 척하며 슬픔을 감췄다. 뭐니 뭐니 해도 가장 슬퍼하는 건 소피아였다.

"우리도 아프리카에 아저씨 아줌마네 집에 가는 거야?"

소피아의 물음에 나는 웃으면서 고개를 끄덕여주었다. 그러자 소피아는 방으로 들어가 팔짝팔짝 춤을 추며 기뻐했다.

"아프리카에 간다, 아프리카에 간다!"

우리는 함께 모여서 뜻 깊은 크리스마스를 보냈다. 즐거운 날이었지만, 곧 좋은 친구들과 헤어져야 한다는 생각에 아쉬운 마음을 금할 길이 없었다. 그것도 머나먼 아프리카로 간다니 말이다.

멤민겐 기차역에서 우리는 슬픈 이별을 맞게 되었다. 아이들과 개들은 차에서 작별 인사를 했고, 모두 다 울지 않으려 안간힘을 썼다. 역시 좋은 친구를 보내는 건 쉽지 않은 일이었다. 카렌과 나는 그들의 가방을 들어주며 기차를 기다렸다. 우리는 애써 즐거운 표정을 지으려고 했지만, 뮌헨으로 가는 기차가 들어오는 순간 더는 참을 수가 없어 서로를 끌어안고 어린 애들처럼 엉엉 울고 말았다. 아프리카에 가서 인터넷을 연결하면 바로 이메일로 연락하기로 약속하며 볼프강과 비르깃은 떠났고, 우리는 떠나는 기차를 보며 손을 흔들어주었다. 그렇게 볼프강과 비르깃이 떠난 뒤로 우리 가족에게 힘든 일들이 일어나기 시작했다.

Ⅲ

다시 시작된 전투

2001년의 마지막 밤, 우리 가족은 새해에도 좋은 일이 가득하길 바라며 집에서 소중한 시간을 보내고 있었다. 소피아가 유치원에서 수두를 옮았는데 아직 증상이 안 나타난 것과 달리, 사라가 먼저 수두 증상을 보이기 시작했다. 그런데도 두 아이는 12시에 하는 불꽃놀이를 보겠다고 밤이 늦도록 깨어 있었다.

그날 밤에 찍었던 비디오가 지금도 있다. 비디오에는 긴 금발머리의 소피아가 언니에게 장난을 치기도 하고 카렌에게 올라타고서 깔깔거리며 즐겁게 노는 모습들이 담겨 있다. 밤이 깊어가자 엄마에게 뽀뽀하는 졸음 가득한 모습도….

그러나 이제 더는 이 테이프를 볼 수가 없다. 며칠 전 새해

2001/2002년이라고 쓰여진 이 테이프를 꺼냈는데, 차마 재생 버튼을 누를 수가 없었다. 그저 테이프를 손에 든 채로 한동안 멍하니 서 있다가 다시 제자리에 넣어버렸다. 소피아의 행복한 모습을 다시 본다면, 그 아이가 이젠 존재하지 않는다는 현실을 견딜 수 없을 것만 같았다.

그날 우리 딸들은 졸음을 이겨내며 불꽃놀이를 끝까지 지켜봤다. 사라는 수두 때문에 많이 피곤했을 텐데도 끝까지 버티고 있었다. 우리는 눈부시게 하늘을 수놓는 아름다운 불꽃놀이를 바라보며 함께 잠이 들었다.

2001년은 우리에게 더할 나위 없이 좋은 기억과 추억을 선물한 해였다. 그러나 그런 축복도 2001년이 끝남과 동시에 모두 소진되어 버린 것이었을까? 2002년은 우리에게 많은 아픔을 남겼다.

소피아와 사라가 수두로 고생할 때, 나도 그만 수두에 걸렸다. 혼자 우리 셋을 간호하느라 아내가 무척 힘들었다. 소피아는 수두 증상이 얼굴과 목에만 나타났는데, 사라는 온몸에 물집이 났다. 가려워도 긁지 말라고 했지만, 수두를 앓아본 사람이라면 가려움을 참는 게 쉽지 않다는 걸 잘 알 것이다. 특히 아이들이라면 더더욱. 그렇지만 카렌이 정성껏 돌봐준 덕분에 우리 셋은 곧 건강해질 수 있었다.

사라는 몸을 많이 긁어서 흉터가 남았다. 소피아는 코에 있는 흉터 빼고는 다 괜찮았다. 소피아는 무럭무럭 잘 자랐고, 더 명랑해지고 고집도 세졌고 강해졌다. 이제는 언니에게 절대로 지지 않았다. 나는 소피아의 강한 성격을 좋게 보았지만, 그 고집 때문에 나중에 고생할지도 모르겠다는 생각도 들었다.

자기 자식이 자라는 것을 지켜보는 것보다 더 큰 행복이 또 어디 있을까? 문제를 스스로 해결하는 것도 지켜보고, 필요할 때면 옆에서 함께 도와주고, 먼 훗날 부모가 없더라도 혼자서 잘살 수 있도록 가르쳐주는 게 부모의 역할일 것이다. 더구나 우리 가족은 백혈병도 함께 물리쳤으니 그보다 더 강한 힘과 행복은 어디에도 없었다.

그러나 2002년이 시작되면서 여러 가지 불길한 일들이 일어났다. 볼프강과 비르깃이 가면서 우리에게 자신들이 쓰던 차를 팔고 갔는데, 그때까지 아무 문제도 없던 차가 갑자기 문도 안 열리고 기름도 많이 먹기 시작하는 것이었다. 우리는 예상치도 못한 일 때문에 경제적으로도 어려움을 겪게 되었다.

그리고 감기가 떠날 날이 없었다. 한 사람이 감기가 나으면 또 다른 사람이 감기에 걸렸다. 특히 소피아는 기침과 콧물이 심했다. 나는 이제 취미생활을 할 여유도 없었다. 2001년이 삶의 기쁨과 에너지로 충만한 해였던 것과 달리 2002년은 아주 힘겨운 해가 되고 있었다.

부활절이 되었고, 소피아의 건강 상태도 좋았다. 마지막 혈액 검사를 했을 때 좋은 결과가 나왔고 세포들도 손상되지 않았다는 기쁜 소식을 들었다. 모든 게 다시 조금씩 좋아지는 듯했다. 독일에서는 부활절때 부모가 계란과 선물을 숨기고 아이들이 그것을 찾는 풍습이 있는데 나는 그모습을 비디오카메라에 담았다. 아이들은 정원에서 열심히 선물을 찾았다. 사라는 금세 찾아냈지만 소피아는 팔을 옆구리에 차고 몸을 구부려 눈을 크게 뜨고서 신중하게 선물을 찾고 있었다.

보다 못한 내가 힌트를 주자 소피아도 마침내 선물을 찾았다. 사라는 인라인스케이트를, 소피아는 롤러스케이트를 받았다.

그날은 날씨도 좋아서 아이들과 나는 바로 스케이트를 들고 밖으로 달려 나갔다. 나는 아이들이 엄마 손을 잡고 스케이트 타는 모습과 엉덩방아를 찧는 모습들을 테이프에 담았다. 소피아는 계속 넘어지면서도 울지 않고 오뚝이처럼 다시 일어섰다. 얼마나 노력했는지, 소피아는 혼자 일어서는가 싶더니 얼마 후엔 앞으로 몇 미터 전진하는 게 아닌가.

그런 소피아의 모습에 놀란 나는 당장에 스케이트를 신고 소피아의 손을 잡고서 함께 스케이트를 즐겼다. 그날 소피아와 함께 스케이트를 탈 수 있었던 순간을 지금도 감사하게 생각한다.

그 다음 날도 날씨가 따스하고 좋아서 우리 가족은 아이들 할머니 집으로 향했다. 할머니와 함께 많이 웃고 즐거워하던 아이들의 모습과 평범한 행복을 소중히 누렸던 우리 가족의 단란했던 그 시간은 아직도 내 마음속에 생생히 남아 있다. 소피아의 병이 다시 재발한 것은 그 무렵이었을 것이다. 소피아의 몸속 깊은 곳에 살아남은 작은 암세포가 아이의 면역력이 약해지기만을 기다리고 있었던 것이다. 수두와 감기 때문에 많이 약해져 있었던 소피아의 몸에서 암세포는 다시 활동을 시작했다. 우리가 할 수 있는 일은 아무것도 없었다.

4월 말에 소피아의 몸에 작고 빨간 점들이 보이기 시작했다. 처음에는 잘 안 보였는데, 카렌이 소피아에게 잠옷을 입히면서 발견했다. 아내는 나에게 혹시 병이 재발된 건 아닌지 모르겠다고 조심스레 말했다. 그러자 내가 버럭 소리를 지르면서 화를 냈다.

"이건 백혈병 때문에 생긴 게 아니야. 소피아가 건강하게 잘 자라고 있는 거 안 보여? 걱정하지 마. 그냥 여드름 같은 거야. 어떻게 그렇게 쉽게 백혈병이 재발한다고 말할 수가 있어?"

나는 애꿎은 아내에게 화풀이를 하고 있었다. 나도 빨간 점을 보았지만 병이 재발된 건 아니라고 이를 악물고 생각했다. 나는 아내를 진심으로 사랑하지만, 그 순간만큼은 터져 나오는 화를 도저히 참을 수가 없었다.

어쩌면 그렇게 해서라도 두려운 현실을 피하고 싶었던 건지도 모르겠다. 아내는 그래도 병원에 가봐야겠다고 얘기했다.

나는 여전히 병이 재발된 건 아니라고 믿었다.

"아니야, 절대 아닐 거야."

그 다음 날에 일이 이상하게 꼬였고, 소아과 의사는 휴가였다. 대신 근무하는 의사는 암에 관해 많은 걸 알고 있는 건 아니지만 자신의 견해로는 백혈병 같진 않다고 말했다. 그래도 확실하지 않으니 빨간 점이 있는 소피아의 등과 얼굴을 사진으로 찍어 뮌헨 병원으로 보냈다.

나는 퇴근하고 집으로 와서 병원에서 있었던 일을 아내에게 말해 주었다. 우리는 암은 아닐 거라는 그 말에 모든 희망을 걸고 있었다. 우리가 겪은 악몽 같던 시간을 더는 생각하고 싶지 않았다. 다른 사람이 무슨 말을 해도 귀를 틀어막고서라도 믿고 싶지 않았다.

그날 밤 소피아를 재우면서 소피아의 밝고 장난스러운 모습과 씩씩하고 즐겁게 살아갈 미래를 생각하면서, 백혈병이 재발했을지도 모른다는 무서운 악몽에서 서서히 벗어나고 있었다. 혈액 검사에서도 좋은 결과가 나오지 않았던가? 마지막 검사를 한 지 2주밖에 안 됐는데 병이 재발할 리가 없었다.

뮌헨에서 결과가 오기만을 기다리던 순간 병원에서 연락이 왔는데, 의사는 사진만으론 판단할 수 없다고 했다. 재발은 아니겠지만, 확실하게 하기 위해 곧장 병원으로 와서 자세한 검사를 받으라고 했다. 또다시 기다려야 했다. 의사가 재발은 아닌 것 같다고 했지만, 역시 굉장히 긴장됐다.

장인어른이 아내와 동행하여 소피아를 데리고 뮌헨에 갔다. 나는 다시 한번 내 딸이 건강하다고 확신하며 출근을 했다. 소피아는 이제 피곤하지도, 아프지도 않았다. 빨간 점 빼고는 아무런 문제가 없어 보였다. 나는 아무 일이 없을 것이라고 믿고 또 믿었다.

'죽음이 우리 아이를 데려가려고 했지만 싸워서 이겼단 말이다. 어떻게 해서 되찾은 내 딸인데, 또다시 이럴 순 없어. 소피아도 이제 다른 사람들처럼 평화롭게 살 수 있게 놓아달란 말이야!'

나는 직장에서도 오전 내내 전화를 기다리고 있었다. 그런데 오후 2시가 되어도 연락이 없어서 장모님께 전화를 걸었다. 장모님은 말을 더듬으며 휴가를 받아서 집으로 빨리 오라고 했다. 가족들이 곧 뮌헨에서 돌아올 것이라고 했다.

순간 가슴을 쥐어짜는 것 같은 고통이 몰려왔다. 아직 자세한 이야기를 들은 건 아니었지만, 나는 금세 알아차릴 수 있었다. 우리 가족에게 다시금 악몽이 찾아온 것이었다. 눈앞이 깜깜해지고 가슴은 조여와 숨을 쉴 수가 없었다.

나는 아무런 대답도 하지 못한 채 맥없이 수화기를 내려놓고는 동료에게 사정을 얘기한 뒤에 급히 차에 올라탔다. 집으로 돌아가는 데 20분 남짓 걸렸지만, 그날만큼은 몇 시간이라도 되는 것처럼 아주 길게 느껴졌다.

집에 도착했을 때 장모님은 울고 계셨다.

"카렌이 자네에게 도저히 전화를 못하겠다고 해서 내가 이야기하는 걸세. 소피아의 병이 재발했어."

그 말을 듣는 순간 그렁그렁 맺힌 눈물이 끝내 울컥 쏟아져 내렸다. 가슴이 미어져 견딜 수가 없었다. 절대 아니라고, 그럴 리가 없다고 했던 일이 결국 현실로 다가온 것이었다. 혹시나 하며 염려했던 아내의 두려움이 지금 내 앞에 와 있었다. 현실에서 달아나려고만 했던 자신이 부끄러워졌다.

나는 정원에 서서 줄담배를 피우며 소피아를 기다렸다. 순간순간 눈물이 왈칵 쏟아지고 두려움에 몸이 떨려왔다.

'카렌의 마음은 어떻겠어? 나라도 힘을 내야지. 나마저 약한 모습을 보여선 안 돼. 소피아에겐 뭐라고 해야 할까?'

불안과 걱정이 한꺼번에 밀려왔지만 나는 평정을 찾아야 했다. 그때 예전에 여의사가 했던 말이 문득 떠올랐다.

'병이 재발하면 그땐 치료가 불가능할 겁니다.'

온몸이 바르르 떨려왔고 식은땀이 흘러내렸다. 처음에도 소피아가 살 수 있는 가능성은 별로 없다고 하지 않았던가.

'이번에도 기적이 일어날 거야. 두 번째 치료는 더 잘될 거야.'

나는 희망적인 생각만 하려고 애썼다.

'우리 소피아는 강한 아이야. 분명 다시 병을 이겨낼 거야.

우리가 어떻게 해서든 도와줄 거야. 사실 정확한 얘기도 못 들었잖아. 혈액에만 이상이 있을지도 모를 일이고.'

그렇게 눈을 감고서 열심히 자신을 위로하던 중에 자동차 소리가 났다. 나도 모르게 경직돼 있었다. 내 앞에 울고 있는 카렌이 서 있었다. 소피아는 뭔가 이상하다고 느꼈는지 나에게 쪼르르 달려와선 볼에 뽀뽀를 한 뒤에 언니에게 달려갔다. 나는 애써 미소를 지으며 눈물을 참아냈다. 내 마음은 소피아를 무작정 붙잡고 있었다. 사랑스러운 딸을 안고서 모든 걸 잊고만 싶었다.

아이들이 보이지 않을 때까지 기다렸다가 나는 아내를 안아주었다. 아내는 모든 힘을 잃어버린 듯 축 늘어져 있었다. 지금 난 강해져야 할 때라고, 쓰러져가는 아내에게 용기를 줘야 할 때라고 마음속으로 열심히 외치고 수없이 다짐해 봤지만 나 역시 힘을 잃어가고 있었다. 우리는 또다시 고통으로 하나가 돼 있었다. 시든 꽃 두 송이가 서로를 의지하듯이 서로가 쓰러지지 않도록 힘을 내야 했다. 그러나 카렌이 울면서 내게 속삭였다.

"이번엔 힘들 거야."

나는 그런 아내에게 다시 화가 났다.

"다시 치료하면 돼. 소피아는 강한 아이잖아. 병보다 더 강해. 한번 더 싸워보자. 소피아는 살아야 해! 우리 가족이 힘을 모아 싸우면 소피아도 분명 이길 수 있을 거야."

나는 남은 힘을 모아 카렌을 설득했다. 카렌은 어느 정도 진정한 뒤에 뮌헨에 있었던 일을 자세하게 말해 주었다.

혈액 검사를 한 뒤에 결과를 기다리고 있었는데, 자꾸 기다리는 시간이 길어져만 갔다. 시간이 지날수록 카렌은 불길한 생각들이 꼬리에 꼬리를 물고 계속 떠올랐다고 했다. 옛날부터 알던 간호사에게 어떻게 됐느냐고 두 번이나 물어봤지만 그들은 대답을 회피했다. 아직 결과가 나오지 않아서 그런 것이라고 생각했지만, 아니었다. 카렌은 의사의 굳은 표정을 보는 순간 어떤 결과가 나왔는지 알 수 있었다.

'이제 다 끝났구나. 소피아는 죽는구나.'

소피아의 혈액에서 암세포가 발견되었다. 소피아는 다시 항암치료를 받아야 했고 골수이식 수술도 받아야만 했다. 치료 가능성은 크게 줄어들었다. 절망이었다. 의사도 무척 안타까워했다고 한다.

"미안합니다. 이렇게 될 줄은 정말 몰랐습니다."

아내의 이야기를 듣는 동안 나는 이런 상상을 했다. 병이란 놈은 야생짐승처럼 뒤에서 공격하고 가족, 인생, 모든 걸 망쳐 놓는다. 산책, 캠핑, 소피아가 병원 없이 사는 것, 이제 이 모든 건 과거가 되어버린 것일까? 그리고 다시 시작해야 하나? 그 고통과 두려움 속으로 다시 들어가야 하나? 이건 정말이지

지옥이다, 그야말로 생지옥.

돌아보니 소피아는 천진난만하게 언니와 놀고 있었다. 저 아이에게 다시 병원에 가야 한다고 어떻게 말할 수 있을까? 의사는 다음 날 다시 항암치료 계획에 대해 얘기하자고 했다. 나는 아직도 두 번째 치료는 더 짧고, 더 잘될 것이라 믿고 싶었다. 다시 병원에 갔을 때 모든 게 오진이라는 얘기를 들을지도 모를 일이었다. 처음 백혈병 진단을 받았을 때 가졌던 실낱같던 그 소망들이 그대로 재현되고 있었다.

병원에 다녀오면 소피아에게 모든 사실을 말하자고 결심했다. 그렇지만 어떻게 말을 꺼내야 할지 여전히 막막하기만 했다. 첫 번째 항암치료를 받을 당시 소피아가 아무리 어린 나이였다고 해도 그 고통의 기억은 남아 있을 것이었다. 소피아를 생각하자 생각과 행동은 마비된 듯 정지해 버렸다. 그 다음 날 무슨 일이 있을지 무작정 겁이 날 뿐이었다.

아침 일찍 소피아를 병원에 입원시켜야 했다. 다시 히크만카테터 삽입 수술을 하고 즉시 항암치료를 시작해야 했다. 상담이 끝났을 때 빨리 집으로 돌아가고 싶은 생각뿐이었다. 집에 가서 소피아하고 함께 있고 싶었다. 집으로 돌아오는 길에 할 말을 잃은 채 울기만 했다. 어떻게 소피아와 사라에게 이 사실을 말할 수 있을까? 어떻게든 될 거란 생각이 들기도 했지만, 이내 현실로 닥쳐올 끔찍한 기억들이 감당할 수 없는 무게로 가슴을 짓눌러왔다.

집에 도착했을 때 나는 그냥 이대로 영원히 차 안에 앉아 있었으면 좋겠다는 생각도 들었다. 마음을 진정시키느라 한참을 있다가 집으로 들어섰다. 소피아와 사라는 재잘재잘 신나게 놀고 있었다. 장모님은 우리 표정을 보더니 눈물을 글썽거렸다. 나는 어렵게 입을 열어 소피아에게 말했다.

"소피아, 아빠 엄마가 며칠 동안 이상했지? 같이 뮌헨 병원에도 갔다 왔잖아. 의사들이 소피아 몸에서 나쁜 세포를 발견했대. 그래서 우리는 다시 병원에 가서 그 세포를 없애야 하는 거야. 엄마와 아빠가 우리 소피아를 열심히 도와줄 테니까, 힘을 모아서 그 나쁜 세포를 몸에서 빼내버리자. 응?"

소피아는 내 말을 듣고는 고개를 끄덕거리더니, 장을 보러 가자고 말할 때처럼 아무렇지도 않게 대답했다.

"그러면 우리 병원에 가야지요. 그래야지 병이 얼른 낫지요."

천연덕스러운 소피아의 모습에 가슴이 더욱 미어졌다. 아무렇지도 않게 말은 했지만, 소피아는 분명 예전의 공포와 고통을 기억하고 있을 것이다. 그리고 언젠가 그 악몽이 불현듯 떠오를 테지.

힘겨운 하루를 보낸 우리는 집으로 돌아와 침대에 누웠다. 소피아는 아내와 나 사이에서 새근거리며 잠들어 있었다.

평온하게 잠든 소피아의 모습을 보면 다시 찾아온 불행을 도저히 믿을 수가 없었다. 나는 이번에도 의사들이 오진한 것이라고 믿고 싶었다. 조금만 있으면 이 악몽에서 깨어날 수 있을 것만 같았다.

꼬마전사와 암세포의 전투

그 다음 날 우리는 병원에 갈 준비를 했다. 모든 게 처음으로 되돌아갔다. 사라는 그 전날부터 장인어른 댁에서 보내기로 했고, 개들은 내 친구 로저가 다시 돌봐주기로 했다.

그런데 신디가 갑자기 이상해졌다. 우리가 준비를 하는 동안 계속 우는 소리를 내면서 안절부절못했다. 소피아가 다가가 신디를 꼭 껴안아주자 잠깐 진정이 되는 것도 같았다. 바쁘게 이것저것 챙기고 있을 때 소피아는 차분히 우리를 기다렸다. 2층 계단에 올라앉아선 낑낑거리는 신디를 안아주고 쓰다듬으며 조용히 달래주기도 했다.

소피아는 다시 가야 할 곳으로 돌아간다는 듯 병원으로 가는 걸 당연하게 여기는 것만 같았다. 뮌헨 병원에 들어섰을 때만 해도 소피아는 여전히 차분해 보였다. 그런데 대기실에서 차례를 기다리던 중에 갑자기 소피아의 태도가 달라졌다. 소피아가 출구를 향하면서 이렇게 말했다.

"엄마 아빠, 이제 다시 우리 집에 가요. 집에 가서 내 친구

테레사랑 놀래요."

테레사는 소피아와 그렇게 친한 친구가 아니었는데 소피아는 갑작스레 테레사를 찾기 시작했다.

"예쁜 드레스 입고 테레사 집에 갈래요. 여기 안 있을래요."

소피아를 달래려고 했지만, 이제 아이는 화를 내기 시작했다. 소피아는 문고리를 잡고는 고래고래 소리를 질렀다.

"테레사, 테레사, 나 테레사한테 갈래요."

소피아는 그제야 예전에 병원에서 겪었던 고통스러운 기억이 떠오른 것 같았다. 아내는 소피아를 보며 어깨를 파르르 떨면서 흐느꼈고, 나 역시 가슴이 아파 견딜 수가 없었다. 사랑하는 딸의 심정을 충분히 이해하기에 그 상황을 더욱 참을 수가 없었다.

그러나 나는 병원이 떠나갈 정도로 소리를 질러대는 소피아를 진정시켜야만 했다. 소피아를 안으려고 했지만 아이는 미끄러운 생선처럼 자꾸만 빠져나갔다. 얼굴이 발개지고 땀으로 옷이 흥건하게 젖을 정도로 소피아는 온 힘을 다해 발버둥을 쳤다.

"소피아, 아빠 말을 들어봐. 저번에 아빠가 얘기해 줬던 거 기억하지? 지금 우린 씩씩해져야 해. 함께 힘을 합해서 병을 무찔러야 해. 소피아, 큰 망치 들고서 암세포를 부숴버리자. 응? 그렇게 하려면 우리 소피아가 아빠를 도와줘야 해."

병원에 있던 다른 부모들은 어떻게든 우리를 도와주고 싶어 했다. 자기 아이들도 소피아가 같은 반응을 보일 때가 있었으므로, 우리 기분을 충분히 이해하는 듯했다. 병원에 있는 부모들은 다 같은 고통을 느끼고 있는 한 가족이었다.

다행히도 소피아는 차츰 진정되어 갔다. 내 말을 알아들은 것인지 너무 힘을 빼서 그런지는 잘 모르겠지만, 어쨌든 조용해졌다. 그리고 엄마의 무릎을 베고 이내 잠이 들었다. 우리 딸에게 왜 이토록 잔인한 고통을 주는가? 어떻게 해야 딸의 고통을 조금이나마 덜어줄 수 있을까? 소피아를 더더욱 사랑하는 것 말고는 내가 할 수 있는 일이 아무것도 없었다.

히크만카테터 수술은 다음 날 하기로 했다. 팔에 링거 주사를 꽂아야 했는데, 소피아는 싫다고 고집을 부리며 침대 위에서 꼬마 부처님처럼 팔과 다리를 꼬고는 버티고 있었다. 아내가 아무리 좋은 말로 어르고 달래봐도 소피아는 "싫어, 싫어!"를 연발할 뿐이었다. 나는 살며시 소피아 옆으로 가서 앉았다.

"소피아, 혼자 하면 아프니까 아빠도 같이 하자."

내 말에 소피아의 표정이 금세 밝아졌다.

"음. 그런데 아빠 먼저 해야 돼."

우리는 손을 잡고서 함께 치료실로 갔다.

"선생님, 저도 놔주세요."

의사는 처음엔 놀라는 듯했지만 곧 눈치를 채고는 눈 깜짝

할 사이에 우리를 링거병과 연결해 주었다.

바늘이 들어가는 순간에 소피아는 엉엉 울어버렸다. 이 조그만 아이가 얼만큼의 고통을 참아낼 수 있을까? 나는 다시 옛날 생각들이 떠올랐다. 소피아의 작은 몸을 찔러대던 커다란 바늘들…. 온몸이 떨려왔다. 소피아를 데리고 집으로 가고 싶었다.

그렇지만 우리에겐 선택권이 없었다. 이 치료를 거부하면 소피아가 어떻게 될 것인지는 너무도 명백했다. 나는 소피아가 꼭 나을 거라고 믿었다. 백혈병이 얼마나 무서운 병인지, 나는 그때까지도 잘 모르고 있었던 것 같다.

다시 소피아와 손을 잡고서 병실로 돌아왔다. 물론 옆엔 링거 스탠드가 졸졸 따라다니고 있었다. 소피아는 피곤한지 그대로 침대에 누웠다. 축 처져 있는 작은 몸을 보자 눈물이 왈칵 쏟아져서 얼른 창가로 얼굴을 돌렸다. 소피아 앞에선 절대 울지 말아야 한다. 이를 악물고서 눈물을 훔쳤다.

우리는 두 번째 치료를 하면서 더 많은 사진을 찍었다. 병원에 입원한 첫날에도 사진 몇 장을 찍었다. 소피아는 전날까지만 해도 웃음이 끊이지 않던 활발한 아이였는데, 그날부터 웃음을 찾아볼 수가 없었다. 웃음은커녕 어른보다 더 심각한 표정을 짓고 있었다. 나는 소피아에게 예전의 웃음을 되찾아주려고 노력했다.

"소피아, 우리 놀이방에 가서 놀자. 옛날에도 거기서 노는 거 좋아했잖아."

다음 날 오전에 히크만카테터 수술이 잡혀 있어서 소피아는 아침부터 굶어야 했다. 그런데 어떻게 된 일인지 오후가 됐는데도 수술이 자꾸만 미뤄졌다. 소피아는 계속 배고픔을 견뎌야 했다. 지겨운 기다림을 반복해야 한다는 사실에 화가 났다.

"의사들은 대체 뭐 하는 겁니까? 아이가 오후까지 배를 쫄쫄 굶고 있는 게 안 보입니까!"

나는 몇 번이고 가서 따져 물었다.

"죄송합니다, 조금만 더 기다려주세요."

우리는 소피아와 함께 만화랑 비디오를 봤다. 재미난 걸 보면 배고프다는 생각이 좀 덜할 것 같았다. 드디어 간호사가 수술 전에 먹어야 할 물약을 가져다줬다. 그런데 또 문제가 생겼다. 소피아가 물약을 안 먹으려고 고집을 부렸다. 간신히 달래서 입에 넣어주면 곧장 뱉어버렸다.

"소피아, 이거 먹으면 나중에 아빠가 프렌치프라이 사줄게."

그제야 소피아는 눈을 꼭 감더니 억지로 물약을 삼켰다.

침대에 누워 수술실로 향하는 소피아 옆에서 손을 꼭 잡아주고 얼굴을 쓰다듬어주면서 마음을 안정시키려 했다. 수술실에는 부모 중 한 사람만 들어가 마취가 될 때까지 함께 할 수 있었다. 수술복을 입힐 때 소피아는 노래를 불렀다. 어린 딸이 부르는 노랫소리에 외로움이 서려 있다는 건 부모로서 견딜 수 없는 슬픔이다. 나는 소피아를 꼭 껴안아주었다. 그렇게 언제까지 그 아이 곁에 머물러주고 싶었다.

수술실에는 내가 들어가기로 했다. 소피아가 마취될 동안 나는 아이의 머리와 얼굴을 가만히 쓰다듬어주었다. 소피아는 여전히 조그맣게 노래를 부르면서 잠이 들고 있었다. 수술실을 나가야만 했는데, 잠든 딸을 생판 모르는 사람들 사이에 홀로 남겨둔다는 생각에 발길이 떨어지지 않았다. 아빠로서 저 작은 생명을 위해 해줄 수 있는 게 대체 뭐란 말인가? 부모란 아이가 건강하게 잘 자랄 수 있도록 보호하고 보살펴줘야 할 의무가 있다.

그러나 암이란 놈은 내게 그런 기회조차 허락하지 않았다. 소피아의 앞날이 고작 백혈병에 좌지우지된다는 게 치가 떨리도록 분했다. 언제 다시 가족과 함께 산책을 할 수 있을까? 백혈병으로 소피아는 단 한 번도 편안한 삶을 누리지 못했다. 그래서 우리는 더더욱 힘을 내야 했다.

"소피아는 살아날 거야, 무슨 일이 있어도 꼭!"

어떻게 해서든 소피아를 살려서 그늘 없는 웃음을 안겨주고 싶었다.

수술을 받은 뒤에 마취에서 깨어나 눈을 떴을 때 나를 향한 소피아의 첫마디는 "아빠, 내 프렌치프라이는 어딨어?"였다. 얼마나 배가 고플까…. 미처 프렌치프라이를 사두지 못한 자신이 얼마나 원망스러웠는지 모른다.

간호사들은 이제 막 마취에서 깨어났으니까 조금 있다가 식사하라고 했지만, 나는 한걸음에 달려가 프렌치프라이를 사 왔다. 소피아가 얼른 받아들고는 어찌나 허겁지겁 먹던지, 체하지는 않을까 걱정스러웠다. 소피아는 눈 깜짝할 사이에 프렌치프라이를 맛나게 해치우고는 만족스러운 표정을 지으며 작은 배를 통통 두드렸다.

항암치료가 시작되었다. 이번엔 2주쯤 치료한 뒤에 며칠 동안은 쉴 수 있을 거라고 했다. 우리는 또 새로운 것을 배웠는데, 'MRD 결과'란 것이었다. 몇 주 뒤에 이 결과는 소피아의 몸에 암세포가 얼마나 남아 있는지를 알려줄 터였다.

독한 약으로 소피아는 고통스러워했다. 저번보다 더 힘들어하는 것 같았다. 예전과 달리 소피아는 자신이 얼마나 아픈가를 말로 표현할 수 있었다. MTX 부작용은 정말 심각했다.

소피아가 화장실에 갈 때면 함께 따라갔는데, 변기에 앉아 아파서 어쩔 줄 몰라 하며 고통스럽게 일그러지던 표정과 가늘게 떨리던 목소리를 아직도 잊을 수가 없다. 나는 그런 소피아 앞에 웅크리고 앉아 갖가지 웃긴 표정을 보여주고 농담을 건네며 재미난 이야기도 들려주었다. 그러나 시간이 흐를수록 아무 소용이 없었다. 소피아는 떨리는 손으로 내 어깨를 꽉 붙잡으며 괴로움을 쏟아냈다.

"아빠, 아파요. 너무 아파."

그럴 때마다 아이의 얼굴을 차마 마주 볼 수 없었다. 항상 생글생글 웃던 얼굴이 점점 화석처럼 굳어갔고, 약 때문에 배도 자주 아파했다. 침대에 누워 배가 아파 눈물을 글썽일 때면 베개를 안겨줬는데, 그러면 소피아는 그걸 꼭 끌어안고서 만화 영화를 봤다.

머리카락도 빠지기 시작했다. 한 움큼씩 한 움큼씩 대책 없이 빠져대는 금발을 보면서 참담했던 엄마 아빠와 달리 소피아는 대수롭지 않게 여기는 듯했다. 듬성듬성해진 머리를 보더니 아예 빡빡머리로 밀어달라고 했다. 병원에 있는 다른 아이들의 모습을 봐서인지 그 아이들 머리와 똑같이 해달라고 했다.

무슨 말을 어떻게 해야 할지 몰라 그저 소피아의 머리만 쓰다듬어줬을 때도, 그 아이는 아무렇지도 않은 표정을 짓고 있었다. 소피아는 더 이상 네 살배기 꼬마가 아니었다.

그래도 우리 부부는 머리를 완전히 밀어버리는 건 좀 미루고 싶었는데, 소피아가 빨리 잘라달라고 보채는 바람에 결국 간호사에게서 전기이발기를 빌렸다. 벌써 머리 자를 준비를 하고서 침대에 다소곳이 앉아 있는 소피아에게로 다가가 금발이 듬성듬성한 머리를 보는 순간, 도망치고만 싶었다. 아내에게 맡겨버리고 싶은 생각도 들었지만 다시 마음을 굳게 먹고서 전기이발기를 들었다. 그런데 그때 갑자기 "아빠, 잠깐만"이란 소리에 하마터면 이발기를 떨어뜨릴 뻔했다.

"머리카락 안 자를래요. 그냥 빠지라고 할래요."

나는 순간 안도의 한숨을 내쉬며 전기이발기를 내려놓았다. 그냥 빠지라고 내버려두었지만, 독한 항암치료로 소피아의 머리카락은 옷에서 털어낸 지푸라기처럼 하염없이 빠져나갔다. 그러던 어느 날은 소피아가 제 손으로 머리카락을 쑥 뽑더니 그걸 한쪽 귀에다 꽂고는 "붓이다, 붓, 나는 붓이다"라고 외치며 웃는 게 아닌가. 웃어야 할지 울어야 할지 모르겠다는 말이 제격이었다.

소피아는 그 뒤로도 날마다 붓이 되는 등의 돌발행동을 했다. 네 살배기 아이가 고통 속에서도 유머를 잃지 않았으니, 오히려 어른보다 나았다. 언제 어디서든 삶의 행복을 찾아가던 우리 딸은 참 지혜로운 아이였다.

한 가지 고충이 있었다면 소피아가 약 먹는 걸 무지무지 싫어했다는 것이다. 약 먹는 걸 좋아할 사람이 어디 있겠냐만, 소피아는 어른이 먹기에도 힘들 정도로 커다란 알약을 작은 목구멍으로 삼켜야 했으니 고역도 그런 고역이 없었을 것이다.

한번은 약 때문에 소피아와 아내가 옥신각신하고 있었다. 소피아는 안 먹겠다고 짜증을 내고 아내는 소리를 지르면서 약을 먹이려고 진땀을 빼고 있었다. 아내는 강제로 약을 먹이려고 소피아를 꽉 붙잡았고 소피아는 싫다고 발버둥을 치다가, 결국 카테터 관이 어딘가에 걸려 피가 나고 말았다. 소피아도 아내도 울음을 터뜨렸다.

나는 아내의 어깨를 다독이면서 잠시 안정을 취하라고 했다. 그리고 소피아를 안고서 등을 토닥여주었다. 내가 대신 먹어서 그 고통이 사라지는 것이었다면 아무리 큰 알약이라도 내 입에 다 털어 넣었을 것이다.

"소피아, 우린 나쁜 암세포를 무찔러야 해. 그렇게 하려면 이 약을 꼭 먹어야 된단다. 이 약 안엔 암세포를 물리치는 힘센 용사가 들어 있어. 그러니까 소피아가 그 용사를 도와주려면 얼른 약을 먹어야겠지? 그렇게 해서 암이 사라지면 그땐 이렇게 커다란 알약을 안 먹어도 돼. 소피아가 너무 어려서 이렇게 큰 약을 먹기가 무척 힘들 거야, 그렇지? 그래도 우리 조금만 참자, 응?"

그제야 소피아는 울음을 그쳤다.

"나 안 어려요. 소피아는 다 컸단 말이야. 이젠 잘 먹을 수 있어요. 그러니까 약 주세요."

내 딸은 나랑 많이 닮아서 어떻게 어르고 달래야 하는지를 잘 알고 있었다. 이런 방법이 못내 마음에 걸리긴 했지만, 이렇게 해서라도 소피아가 치료를 받도록 해야만 했다.

시스템을 교환할 때도 마찬가지였다. 시스템 교환이란 소피아의 카테터와 연결된 관들을 새것으로 바꾸는 작업이었는데, 소피아는 간호사가 가까이 오면 "시스템 교환 미워!" 하고 소리를 질러댔다. 그럼 나는 소피아를 안고서 또 암세포를 물리치는 용사 이야기를 들려줬다.

"관을 새것으로 바꿔야 용사가 관을 타고 씩씩하게 달리면서 암세포를 무찌를 수 있어. 오래되고 더러워진 관에서는 용사가 자꾸만 넘어져서 소피아를 도와줄 수 없어."

소피아는 그런 내 말을 믿고서 곧잘 따라주었다.

우리는 병원생활에 다시 익숙해졌고, 같은 처지에 있는 부모들과도 친해졌다. 예전에 소피아가 처음 치료를 받을 때 함께 병원생활을 했던 부모들도 다시 만났는데, 그 자녀들도 소피아처럼 암이 재발되었기 때문이다.

갑자기 굿바이 히키 노래가 생각났다. "굿바이 히키, 항암치료는 이제 끝났다"라는 노랫말이 있었다. 그 노래를 들으면서 퇴원한 아이들이 다시 병원으로 돌아오면 의사들의 표정도 얼마나 슬퍼 보였는지 모른다. 의사들 대부분은 아이들을 참 좋아했고, 잘 대해 주려고 노력했다.

어느 날 소피아랑 놀이방 가는 길에 복도 의자에 앉아 있던 여자아이를 봤는데 낯이 익었다. 알고 보니 소피아가 처음 입원했을 때 함께 있던 아이였다. 아이 엄마와 얘길 나눠보니 그 아이도 암이 재발한 것이었다. 이미 예정된 절차였을까? 마음은 천근만근 무거워져만 갔고, 희망은 저만치 뒤로 멀어지는 느낌이 들었다. 암이 재발된 아이들 이야기는 병원에서 빠르게 퍼져나갔다. 처음 치료를 받으러 온 부모들은 그런 얘기를 들으면 '우리 아이는 아닐 거야' 라고 마음을 다잡지만, 이내 누구도 알 수 없는 일이란 생각이 들어서 마음이 약해졌다.

그렇지만 병원에 있던 아이들과 부모들은 모두 같은 아픔을 안고 있었기에 한 가족처럼 서로를 위로하고 격려해 줬으며, 어떻게 하면 우리 아이들이 암을 이길 수 있을까 고민하고 희망을 꿈꿨다.

힘은 들더라도 날마다 즐겁게 지내려고 노력했다. 그렇지만 주위가 조용해져 적막감이 감도는 날이면 기다렸다는 듯 찾아드는 이런저런 걱정에 촛불 같던 희망마저 맥없이 무너져 내릴 때도 있었다.

소피아는 아스페르기나세라는 약 치료를 받았다. 의사들은 항암치료에 중요한 과정이라고 했지만, 이 약을 처음 먹을 때부터 문제가 생겼다.

의사들은 소피아의 몸에 링거와 심장박동기계를 연결했다. 소피아는 기분 좋게 만화를 보고 있었는데, 갑자기 기침을 하면서 얼굴이 빨개지더니 숨조차 제대로 쉬지 못했다. 놀란 아내가 얼른 의사를 불렀고 나는 소피아의 손을 붙잡고 있었다. 소피아의 심장박동수가 190까지 올라가고 있었다. 소피아는 화를 내면서 버둥거렸고, 나는 그 아이를 진정시키려고 애를 썼다. 화를 내면 증상이 더 심해질 것만 같아서 너무 불안했다.

곧 의사 둘과 간호사 둘이 달려와 링거 투여를 중단하고 정맥에 페니스틸을 투여했다. 링거를 통해 소피아 몸에 들어갔던 아스페르기나세를 제거하는 약을 관에 넣었다. 조여드는 가슴을 움켜쥐면서 넋을 놓고 바라보았다. 소피아에게 산소부족 증세가 나타나자 간호사가 산소마스크를 씌워줬더니 이내 괜찮아졌다.

이내 소피아는 잠이 들었다. 네 살짜리 꼬마에게 이 무슨 가혹한 형벌이란 말인가? 산소마스크를 쓰고서 잠든 소피아를 보자 덜컥 겁이 났다.

'혹시 뭔가 잘못된 건 아닐까? 대체 왜 우리 딸이 이런 고통을 겪어야 하지? 왜 다른 아이들처럼 고통 없이 바깥에서 신나게 놀지 못하는 걸까?'

팔짝팔짝 뛰면서 신나게 놀아야 할 나이에 소피아는 무섭도록 독한 약의 부작용을 참아내고 있었다. 오직 살기 위해서 그런 고통을 감내해야만 했다.

그때 나는 소피아의 모습을 카메라에 담았다. 어떻게 그 상황에서 사진을 찍을 수 있느냐며 정신이 나간 것 아니냐고 욕을 퍼부을 수도 있겠지만, 훗날 소피아가 살아가면서 어려움에 부딪혀 힘겨워할 때 이 사진을 보여줘야겠다는 생각이 들었다. "죽음을 넘어선 너는 뭐든지 할 수 있단다"라고 말해 주는 그날이 오기를 간절히 기도했다.

골수 검사 또한 소피아를 고통스럽게 하는 관문이었다. 소피아는 아침과 점심을 굶은 뒤에 전신마취를 받았다. 마취된 소피아는 얼굴이 창백했고 코티손 때문에 많이 부어 있었다. 그렇게 눈을 감고 굳어버린 소피아를 보고 있자니 한순간 끔찍한 생각이 들었다.

'소피아가 죽으면 저런 모습일까?'

그러나 이내 그런 생각을 한 자신에게 분노했다. 이 글을 쓰고 있는 지금도 화가 나서 견딜 수가 없다. 소피아는 마취에서 깨어났을 때 말했다.

"배고파. 아빠, 프렌치프라이 사주세요."

프렌치프라이를 무척 좋아하는 딸을 위해 나는 한걸음에 달려가 즉시 대령했다.

항암치료는 계속되었다. MTX는 척추에 주입해야 했으므로 그 부위에 마취반창고를 붙였다. 그러나 소피아는 주사를 안 맞으려고 등을 벽에다 붙이고 앉아서는 의사에게 소리를 질렀다.

"등에는 안 할래요. 아파서 안 할래요. 등에 맞는 건 정말 싫어요!"

겨우 척추에 바늘을 주입했을 때도 소피아는 가만히 있지 않았다. 척추에 바늘을 꽂고 있는 위험한 상황에서 자칫 잘못 움직였다간 큰일이었으므로, 나는 온 힘을 다해 소피아를 꽉 붙잡았다. 소피아는 넘어갈 듯 소리를 지르고 땀을 뻘뻘 흘리며 울었다. 그래도 어쩔 수가 없었다. 나는 팔딱거리는 소피아를 죽고 싶은 심정으로 붙잡고 있었다.

하루는 의사가 바늘을 잘못 주입해 세 번이나 척추를 찔러대는 바람에 같이 있던 간호사들까지도 불안해하면서 식은땀을 흘렸다. 결국 그날은 척추에 바늘을 주입하지 못했고 며칠 후로 미뤄야 했다.

한바탕 폭풍우가 휘몰아친 듯 그 순간이 지나고 나면 소피아는 또 언제 그랬냐는 듯 생글생글 웃어 보였다. 소피아는 아빠보다도 강한 딸이었다.

드디어 잠시 소피아를 데리고 집으로 돌아갈 수 있는 날이 왔다. 우리는 택시를 타고 뮌헨에서 멤민겐으로 향했다. 마침 좋은 기사를 만나서 집 앞까지 편안하게 올 수 있었다. 이름이 루디였던 기사는 소피아가 아프다는 얘길 듣고 세심하게 신경을 써주었다. 이제 소피아는 머리카락이 한 올도 남지 않았다.

우리가 도착했을 때 이웃사람들이 소피아를 바라보며 인사를 건넸다. 그들의 눈에는 측은함이 어려 있었다. 나는 사람들의 시선에 소피아가 주눅이 들까 걱정스러워 얼른 집으로 들여보내기 위해 성급히 대문을 열었는데, 소피아는 오히려 고개를 꼿꼿이 들고는 공주처럼 우아하게 걷고 있었다. 그렇지만 집에 들어서자마자 피곤했는지 이내 자기 방으로 들어가서 침대에 누웠다.

그때 전화벨이 울려 받아보니 딘켈이란 목사님이었다. 소피아의 상태를 물어보더니 덜컥 교회에 나오라는 그의 말에 순간 화가 치밀었다. 어떻게 이 상황에서 나한테 하느님 얘기를 할 수 있단 말인가? 소피아의 삶은 지옥 같은데 말이다. 하느님이 대체 어디에 있는가?

"우린 교회 안 다닙니다!"

나는 성을 내고는 전화를 탁 끊었다. 그 순간만큼은 다시는 그 사람과 통화할 일이 없을 거라는 생각마저 들었다.

소피아가 많은 검사를 받으면서도 씩씩하게 잘 견뎌내고 있던 어느 날이었다. 초음파 검사 후에 의사가 소피아의 난소 하나가 많이 커졌다며, 아무래도 암세포 때문인 듯하니 해당 전문의에게 가보라고 권유했다.

전문의 상담실 앞에서 또 초조한 기다림을 반복하고 있었다. 다시 불안감이 엄습해 왔다. 상담실엔 전문의 두 사람과 더불어 정신과 의사도 있었다. 정신과 의사가 있다는 건 결코 좋은 징조가 아니었다.

"수술을 해서 소피아의 난소를 제거해야 합니다. 다소 위험이

따르겠지만, 암세포 때문에 수술해야 합니다."

그 말은 소피아가 커서 아이를 갖지 못하게 된다는 뜻이다. 온갖 복잡한 생각으로 머리가 터져나갈 것만 같았다. 난소를 제거하면 소피아는 훗날 아이를 갖지 못하고, 수술을 안 하면 암세포가 더 퍼질 가능성이 높다…. 의사들은 우리에게 빨리 결정을 내리라고 재촉했다.

상담실을 나오면서 아내는 수술을 하자고 했다. 그렇지만 나는 선불리 결정할 수가 없었다. 나중에 소피아가 어른이 되었을 때 왜 그런 결정을 내렸느냐고 원망하면 뭐라고 해야 할까?

그렇더라도 이 수술은 받아야만 했다. 안 그러면 암세포가 퍼져서 소피아가 죽을지도 모를 일이었다. 고민 끝에 결국 수술을 하기로 결정했다. 자녀를 어떤 학교에 보낼까, 학원은 어디가 좋을까 같은 문제로 고민하는 다른 부모들의 평범한 일상이 너무도 부러웠다.

터벅터벅 병실로 돌아가 신나게 놀고 있는 소피아를 보는 순간, 이제 겨우 네 살 된 아이가 20년 후쯤에 겪게 될 임신 문제로 고민했다는 사실에 괜히 서글퍼졌다.

난소제거 수술을 위해 외과병실로 옮겨야 했고, 또 새로운 의사와 간호사를 만났다. 소피아는 혼란을 느끼는 듯했다.

"소피아 뱃속에 아주 나쁜 세포가 있어. 그래서 지금 빨리 그걸 빼내야 해."

소피아는 양미간을 찌푸리며 시원스레 대답했다.

"그럼 빨리 빼주세요. 어디 허락도 없이 내 몸에!"

'그래, 소피아…. 네 허락도 없이 몹쓸 암세포들이 네 몸에 들어와버렸어. 그것들이 지금 네 몸과 삶을 지배하려고 해….'

나는 미치도록 화가 났다. 그즈음엔 작은 일에도 곧잘 화를 냈던 기억이 난다. 그러나 화가 날수록 마음을 진정시켜야 했다. 무슨 일이 있더라도 차분한 모습으로 소피아를 보호해 줘야 했다. 소피아는 또다시 전신마취를 받았다.

발코니까지 있던 외과병실은 무척 마음에 들었다. 소피아는 발코니로 나가 바깥 공기를 마실 수 있었다. 수술하기 전에 틈만 나면 발코니에 앉아 즐거운 시간을 보냈다. 날씨는 화창했고, 소피아는 햇살을 맞으며 환하게 웃어 보였다. 수술을 앞둔 아이 같지 않았다. 한편으로 병원의 모든 병실에 발코니가 있다면 아이들이 무척 좋아할 거란 생각이 들었다.

그때 만난 외과의사를 두고 두고 기억하며 감사할 것이다. 그는 재미난 이야기와 몸짓으로 항상 우리를 웃음 짓게 해주었다. 어린 환자들에게 가벼운 장난을 건네며 행복한 웃음을 안겨준 그 의사는 아이들에게 아주 인기가 많았다.

그가 소피아의 수술을 맡게 되어 나는 얼마나 기뻤는지 모른다. 그는 우리에게 소피아가 받을 수술에 관해 아주 자세하고 친절하게 설명해 주었다. 소피아도 재미난 의사 선생님 덕분에 수술 받는 걸 무서워하지 않았다.

소피아는 곧 수술을 받았다. 우려했던 것과 달리 수술은 성공적으로 끝이 났다. 소피아는 사흘 동안 침대에 꼼짝없이 누워 있어야만 했는데, 마취에서 깨어나 몇 시간 뒤에 발코니로 나가겠다고 고집을 부렸다. 소피아에게 침대에 누워 있어야 하는 이유를 차근차근 설명해 줬지만, 그 고집쟁이는 이틀째 되는 날에 기어코 발코니로 나갔다. 소피아는 한참 동안 하늘을 바라보다가 우리에게 시선을 돌려 빙긋이 웃어 보였다.

"이제 내 배엔 나쁜 세포가 하나도 없어요."

소아과 암 센터와 외과는 가까이에 있었다. 다른 부모들에게 소피아의 수술 결과를 알려주려고 소아과에 들어서는 순간, 비안카의 엄마가 울고 있는 모습이 눈에 들어왔다.

비안카가 죽었다. 테니스를 무척 좋아하던 열네 살 소녀이 죽었다. 며칠 전에 봤을 때 얼굴이 창백하고 몸이 더 말라서 걱정했는데, 결국 이렇게 되고야 말았다. 첫 번째 치료가 다 끝나기도 전에 암이 재발했던 비안카는 어떤 약을 먹어도 효과가 없었다. 의사들은 희망이 없다고 했지만, 비안카는 마지막까지 희망을 버리지 않았다.

의사와 간호사들도 표정이 어두웠다. 또 한 생명이 병마와의 싸움에서 지고 말았다. 암에 걸리는 아이들은 왜 이렇게도 많은 건지, 대체 그 작은 아이들에게 병마와 싸울 힘이 어디에 있단 말인가.

며칠 전에 비안카 엄마에게 했던 얘기가 떠올랐다.

"요즘 비안카가 웃는 모습을 본 적이 별로 없네요. 그래도 포기하지 마세요. 힘을 내세요."

그때도 지금도 이 말밖엔 할 수가 없었다.

"힘을 내세요."

소피아의 골수에 암세포가 발견되지 않았다는 검사 결과가 나왔다. 기쁜 마음이야 이루 말할 수가 없었지만, 아직 안도할 순 없었다. MRD 결과를 기다려야 했다.

비안카를 위한 추모예배가 있었다. 그 가족에겐 정말 미안한 말이지만 그날 나는 직장 때문에 참석하지 못한 것을 다행스럽게 생각했다. 두려웠다. 카레이서들은 경주 중에 죽은 동료의 장례식에는 가지 않는다. 사고와 죽음을 멀리하기 위함이다. 나 역시 죽음을 멀리하고 싶었다. 장례식을 바라보며

'소피아도 죽는다면….'

이란 생각 따위는 결코 하고 싶지 않았다. 나는 소피아가 꼭 완치되어 오래오래 살 것이라고 믿고 또 믿었다.

발코니가 있는 병실에서 일주일을 더 지낸 뒤에 우리는 소피아와 함께 집으로 돌아왔다. 물론 우리에게 주어진 시간은 단

며칠뿐이었지만 그게 어딘가. 택시 기사 루디는 우리를 반갑게 맞아주었고, 감사하게도 소피아가 좋아하는 빵까지 준비해 뒀다. 경황이 없어 미처 챙기지 못한 간식을 정성껏 준비해 준 루디에게 감사했다. 그 답례로 소피아는 빵을 아주 맛있게 먹었다.

집에 도착해 로저를 만났을 때 신디가 걱정스럽다는 얘기를 들었다.

"신디가 밥도 잘 안 먹고 좀 이상해."

신디가 슬픈 눈을 하고서 힘없이 다가오고 있었다. 그런데 현관에 들어서는 소피아를 보는 순간 신디의 눈에서 빛이 나기 시작했다. 신디에게 다른 사람은 아무 소용이 없었고, 소피아가 밥을 주면 아주 조금이라도 먹었다. 밥을 먹는 신디와 곁에서 지켜보는 소피아의 모습을 사진으로 남겨두었다. 지금도 이 사진을 볼 때마다 둘은 아주 특별한 사이였다는 것을 느끼게 된다.

직장에 가야 했던 나를 대신해 아내가 신디를 데리고 동물병원에 갔다. 그런데 점심때쯤 아내에게서 걸려온 전화를 받고 나는 그 자리에 주저앉고 말았다.

"신디가 오래 못 살 것 같대."

머릿속엔 소피아가 신디를 꼭 안고 있던 모습이 맴돌았다. 그러다가 이런 생각마저 하고 말았다.

'소피아도, 신디도 다 떠나는구나.'

깜짝 놀란 나는 머리를 세차게 흔들면서 다른 생각을 하려고 노력했다.

신디는 신장에 문제가 있었고, 얼마나 더 살 수 있을지는 잘 몰랐다.

"안 돼, 지금은 안 돼. 신디가 죽으면 소피아는 어떡해?"

겨우 네 살이었던 신디는 아직 살아갈 날이 많았다. 어떻게든 신디를 살려야 한다고 생각했지만, 별다른 방법이 없다는 사실에 또 한 번 절망하고 말았다. 소피아에게는 아무런 말도 할 수가 없었다. 신디는 날이 갈수록 쇠약해져 갔고, 걸을 힘조차 없는지 바닥에 누워만 있었다. 그런 중에도 소피아만 보면 어떻게든 곁에 가려고 안간힘을 쓰는 모습이 너무도 안쓰러웠다.

로저는 신디를 또 다른 동물병원으로 데려가보았다. 결과는 같았다. 그렇지만 수의사가 소피아의 얘기를 듣고는 주사치료를 한 번 해보자고 하더란다. 그 얘길 듣고 나는 부디 신디가 조금이라도 회복되길 간절히 바랐다. 병원으로 돌아온 소피아는 계속 신디의 안부를 물었다. 제가 보기에도 신디가 어딘가 이상했던지 자꾸만 "신디 잘 있대요? 괜찮대요?"라고 물어왔다. 그래서 결국은 신디가 많이 아프다고 사실대로 털어놓고 말았다.

"그럼 나하고 같네요. 신디도 나쁜 암세포가 있어요?"

"아니, 신디는 다른 병을 앓고 있어. 얼마나 더 살 수 있을지는 잘 모른대."

이 말을 내뱉자마자 가슴을 치고 후회했다. 소피아가 울며불며 "신디, 죽으면 안 돼! 내 친구 신디, 죽으면 안 돼!" 하고 소리를 지를 거라고 예상했다. 그러나 소피아는 차분하게 있더니 손가락으로 위를 가리키면서 말했다.

"그럼 신디는 위로 올라가겠네요?"

그러고는 만화를 방영하고 있는 텔레비전 쪽으로 고개를 돌렸다. 소피아의 의연한 모습에 깜짝 놀랐다. 이제 겨우 네 살배기가 죽음을 인정하고 편안하게 받아들이다니, 믿을 수 있겠는가?

의사들은 소피아에게 다시 한번 아스페르기나세 약 치료를 시도했다. 그러나 결과는 안 좋았다. 처음보다 심하진 않았지만 이번에도 산소마스크가 필요했다. 의사는 이 약이 치료하는 데 아주 중요하지만 소피아게에는 무리인 것 같다고 말했다.

소피아가 이 약으로 더는 고통스러워하지 않아도 된다는 사실에 오히려 마음이 편안해졌다. 아스페르기나세를 안 먹으면 치료는 어떻게 진행되는 거냐고 물었더니 잘 모른다고 했다. 항상 이럴 수도 있고 저럴 수도 있다느니, 혹은 잘 모르겠다는 대답만 돌아오는 게 답답해 미칠 노릇이었다. 정확한 대답이 듣고 싶었다.

MRD 결과가 나오기 전, 소피아의 골수에 암세포가 없으므로 좋게 나올 확률이 높았지만, 나는 왠지 모르게 불길한 느낌이 들었다.

병원에 온 뒤로 소피아는 텔레비전도 보고 놀이방에 가서 놀기도 하는 등 평소처럼 지냈는데 유달리 심심해했다. 그리고 흐리고 비가 오는 날이면 우울해했다. 그 사이 병원에선 바닥을 파란색으로 새롭게 깔고 바닥 사이사이에 이어지는 부분엔 하늘색으로 그 틈을 메웠다. 파란 하늘에 하늘색 줄이 놓여 있는 것처럼 보였다.

"소피아, 우리 같이 줄타기 하자."

소피아는 처음에 무슨 말인지 몰라 어리둥절해했지만 내가 하늘색 줄을 밟으며 시범을 보이자 이내 천천히 한 걸음 한 걸음 내 뒤를 따라 줄을 타기 시작했다. 그 줄은 식당을 통과하고 있었으므로, 줄타기를 하고 가다가 밥도 먹었다. 줄타기에 재미를 붙인 소피아는 틈만 나면 하늘색 슬리퍼를 질질 끌고서 병원 복도로 나갔다.

대기실에서 MRD 결과를 기다리던 우리에게 간호사가 상담실로 들어오라고 했다. 우리가 좋아하는 의사 두 명과 정신과 의사가 있었다. 정신과 의사…. 불길한 예감이 상담실을 가득 메우고 있었다.

소피아의 몸에서 암세포가 또 발견되었다. 제거된 게 아니라 그동안 숨어 있었단다. 잘도 숨어 있다가 이제 다시 활동을 시작했다는 것이다. 결국 두 번째 항암치료도 그놈의 암세포를 제거하지 못했다. 의사들은 골수이식 수술을 권했다. 우리는 또 다른 결정을 내려야만 했다.

화가 났고, 눈물은 끝도 없이 흘러내렸으며, 목이 메어 아무런 말도 할 수가 없었다. 다시금 소망을 품어야 했다.

'소피아는 죽지 않아. 골수이식 수술을 하면 소피아는 건강해질 거야.'

나는 수술을 해야 한다는 결정을 내렸지만 놀랍게도 아내 생각은 달랐다.

"소피아는 지금껏 너무 큰 고통을 겪었어. 또 다른 수술로 소피아가 더 큰 고통을 받는 건 원치 않아."

그 말에 나는 엄청난 충격을 받았다.

"뭐라고? 그럼 소피아를 그냥 죽게 내버려두라는 거야? 당신 제정신이야?"

그 순간에 처음으로 아내와 헤어져야겠다는 생각까지 할 정도로 화가 났다.

"수술을 안 받으면 죽는다잖아. 그런데도 그냥 놔두라고?"

나는 아내에게 마구 소리를 질러댔다.

"소피아가 이번 수술은 견디지 못할 것 같아. 그동안 받은 항암치료로 소피아는 심장이랑 다른 기관들이 이미 많이 손상돼 있잖아."

나는 말문이 막혔다. 거기까진 미처 생각지 못했다.

위험한 수술이라는 것은 알고 있었다. 그 수술을 받으면 약 4주에서 8주 동안 격리되어 있어야 하는데, 많은 아이들이 그 시간을 견디지 못하고 죽어갔다.

이제 어떻게 해야 하나? 할 수 있는 것은 무엇일까? 아내와 내가 서로 다른 생각을 하고 있다는 사실이 너무도 괴로웠다. 그동안 숱한 아픔과 슬픔을 함께 나누며 같은 생각을 해왔는데 이번엔 달랐다.

"소피아에게 수술 받을 기회도 안 주고서 소피아가 잘못되기라도 하면 당신은 날 용서할 수 없겠지? 당신은 분명 마지막까지 어떻게든 해보려고 할 거야. 미래를 위해선 그 방법이 나을지도 몰라. 그렇지만 지금 소피아를 좀 봐! 소피아에겐 지금 이 순간이 지옥이야. 안 보여?"

아내가 눈물을 쏟아내면서 절규했다.

아내의 말이 맞았다. 의사의 말이라면 모든 걸 믿고 따르고 싶었다. 우리 딸을 무슨 방법을 써서라도 살려야 한다고 생각했으니까. 평생 동안 약을 먹어야 한다지만 살 수만 있다면 뭐든 해야 한다고 생각했다. 그런데 어쩌면 그 생각 자체가 내 이기심에서 비롯된 것인지도 모르겠다.

내 머릿속엔 오직 '소피아는 산다'는 믿음뿐이었고, 나는 내 딸을 너무도 사랑했다. 그러나 그렇다고 해서 내가 그 아이의 삶까지 결정해도 괜찮은 걸까? 우린 어디까지나 소피아의 생각을 존중해 줘야 했다. 아내를 통해 다른 관점으로 소피아의 삶을 생각해 볼 수 있게 된 것은 참 다행스러운 일이었다. 결국 우리는 소피아의 의견을 묻기로 했다. 어른스러운 소피아에게 자신의 삶에 대해 결정할 수 있는 힘이 있을 거라고 믿었다.

문제는 소피아와 의논할 시간이 충분치 않다는 것이었다. 골수기증자를 찾아 나서려면 빨리 수술을 결정해야만 했다.

안녕, 신디

소피아가 집에서 며칠 머무르는 동안 신디는 상태가 더 나빠졌다. 수의사가 권한 치료법은 효과가 없었다. 신디가 슬픈 눈을 하고서 나를 바라보는데, "난 이제 죽어요"라고 말하는 것 같았다. 소피아가 먹이를 주면 신디는 받아먹고서 이내 토해냈다.

아내와 수의사는 신디가 너무도 고통스러워하니 이제 끝내야 하지 않겠느냐고 물었다. 나는 신디를 잃고 싶지 않았다. 예뻐고 건강했던 신디는 이제 얼굴에 그늘을 드리우고서 힘없이 누워 있었다.

8월의 어느 날, 나는 수의사에게 전화를 걸었다. 주말이면 수의사가 우리 집으로 와서 신디를 안락사시킬 것이었다.

나는 신디를 안고서 하염없이 울었다. 곁에서 지켜보던 아내도 함께 울었다.

'신디는 이제 정말 떠나는 걸까? 혹 소피아도 죽으면 신디가 데리러 와줄까?'

다시금 머리를 세차게 흔들었다.

'아니야, 소피아는 살 거야. 소피아는 꼭 살 거야.'

소피아에게 신디가 이제 우리 곁을 떠나야 한다고 말해 주었다. 소피아는 신디 곁으로 가서 머리를 쓰다듬어주었다.

"신디, 네가 하늘나라로 가면 정말 슬플 거야. 그치만 하늘나라에 가면 안 아프잖아. 거기에 가도 넌 우리 곁에 있을 거지? 하늘나라에서 우리를 지켜볼 거지? 신디, 사랑해."

소피아가 앞으로 어떻게 해야 하는지를 우리에게 가르쳐주는 것만 같았다. 신디를 하늘나라로 편하게 보내는 게 가장 좋은 방법이라고 알려주는 듯 말이다.

나는 신디 옆에 조금이라도 더 있고 싶어 거실에서 잠을 잤다. 신디는 먹은 것도 없는데 밤새도록 토하며 괴로워했다.

다음 날 아침에 사라는 학교에 가기 전에 펑펑 울면서 신디와 이별했다. 그런 사라를 보면서 다시는 개를 기르지 않겠다고 다짐했다. 사라가 슬퍼하는 모습을 보는 게 무척이나 힘이 들었다.

신디를 데리고 자주 산책하던 곳에 가고 싶었다. 나는 이제 걸을 수 없는 신디를 자동차 트렁크에 눕혔다. 그 순간까지도 기적이 일어나주길 바랐다.

운전을 하면서 상상했다. 신디가 자동차에서 힘차게 뛰어내려 나와 함께 산책길을 뛰어다니고 있었다. 그러나 현실로 돌아와보니 신디는 고개를 조금 드는가 싶다가도 이내 쿵 하고서 머리를 떨구었다.

내게 마지막 인사를 건넨 것 같았다. 눈물이 앞을 가려 운전을 제대로 할 수가 없었다. 차를 세우고 트렁크로 달려가 신디를 안고 쓰다듬으며 한참을 목 놓아 울다가 결국 다시 집으로 돌아갔다.

신디를 안락사시키는 날, 아내가 소피아와 신디를 데리고 장모님께로 갔다. 장모님도 신디와 이별 인사를 하면서 많이 우셨다. 그때 소피아가 할머니를 위로해 주었다.

"할머니, 울지 마세요. 신디는 하늘나라로 갈 거예요. 거기 가서 안 아프고 잘 지낼 수 있어요. 그러니까 울지 마세요."

그러고는 신디를 꼭 껴안고서 마지막 인사를 건넸다.

"신디, 무서워하지 마. 잘 가, 신디."

아내는 장모님께 소피아를 맡겨두고서 신디를 데리고 집으로 돌아왔다. 우리는 신디가 좋아하는 담요에 신디를 눕히고 수의사를 기다렸다. 정확한 시간에 맞춰 수의사가 도착했을 때 나는 문을 열어주고 싶지 않았다.

신디의 심장에 주사를 놓기로 했다. 그때 제리가 신디에게로 다가오더니 신디의 등에 머리를 기대고 누웠다. 몇 년 동안 함께 지내온 친구에게 작별 인사를 건네러 온 것이었다. 처음 보는 그 광경에 수의사도 눈시울을 붉혔다.

4년을 훨씬 넘게 우리와 함께 살았던 충직한 개 신디는 그렇게 우리 곁을 떠났다. 신디를 정원에 묻으면서 사라가 쓴 편지도 함께 넣어주었다. 신디를 묻을 때까지 제리도 우리 곁을 떠나지 않았다. 그날 제리는 많이 슬퍼 보였다.

다시 어린이날과 어부의 날이 돌아왔다. 이번엔 유치원 아이들이 노래를 부르는 순서가 있었는데, 소피아는 유치원 창가에 앉아 이 모습을 구경했다. 소피아는 자신이 노래를 부르는 것처럼 설레고 있었다. 약해진 면역력 때문에 친구들을 만날 순 없었지만 창가에서 구경할 수 있는 것만으로도 무척 기뻐했다. 마스크로 얼굴의 반을 가리고 있었으나 눈빛만큼은 행복으로 반짝반짝 빛이 났다. 그날은 우리 소피아에게 아주 즐거운 날이었다.

사실 어부의 날에 항암치료가 예정돼 있었지만 의사들의 배려로 축제를 볼 수 있게 되었다.

소피아와 사라는 아빠가 시냇물에서 고기 잡는 모습을 열심히 지켜보고 있었다. 많은 사람들로 북적여서 소피아는 마스크를 꼭 써야만 했다. 간간이 소피아를 사람들이 힐끔힐끔 쳐다보긴 했지만, 아빠의 고기잡이에 열중하느라 그런 시선 따위는 신경 쓰지 않았다. 어찌 된 일인지 장인어른이나 처남이나 심지어 나까지도 고기를 한 마리도 못 잡는 사태가 벌어졌다. 설사가상으로 고기를 몰던 막대기마저 부러져버렸다. 나는 그 모든 게 불길한 징조라는 생각을 떨쳐버릴 수가 없었다.

고기를 한 마리도 잡지 못한 나는 딸아이에게로 가서 겸연쩍은 미소를 건넸다.

“괜찮아요, 아빠. 물고기가 안 죽었으니까 괜찮아요.”

소피아의 사려 깊은 대답은 언제나 나를 깜짝 놀라게 만들었다.

소피아가 특히 즐겨 듣는 노래 세 곡이 있었다. 그뢰네마이어의 ‘사람’, 새이비어 나이두의 ‘너는 어디로 가니?’ 그리고 라이트 알 딘의 ‘지금, 여기와 영원히’였다. 라디오에서 이 노래가 흘러나올 때면 소피아는 흥얼흥얼 따라 불렀고 나도 덩달아 부르곤 했다. 사실 네 살짜리 아이가 좋아서 부를 만한 노래가 아니다. 소피아는 노래 취향조차도 어른스러웠다.

8월에는 소피아의 상태가 별로 좋지 않아서 항암치료가 계속 미뤄졌다. 아내와 소피아가 병원과 집에 머무르는 시간도 들쑥날쑥했다. 날씨마저 변덕을 부렸고 비도 많이 내렸다. 하늘이 꼭 우리 상황을 대변하는 듯했다.

골수이식 전문의와 상담을 했다. 키가 크고 몸이 호리호리한 그는 머리와 수염이 덥수룩한 게 의사처럼 보이지 않았다. 그는 우리에게 수술의 위험 정도를 말해 주었다.

"소피아가 수술 후에 깨어나지 못할 수도 있습니다."

그러고는 다른 아이들의 사진을 보여줬는데, 수술 부작용으로 고통 받는 꼬맹이들의 모습이 담겨 있었다. 그러나 나는 어떻게든 긍정적으로 생각하려고 노력했다.

'모든 게 다 잘될 거야.'

9월에는 병원의 '텐트'를 구경하러 갔다. 격리된 이식과를 텐트라고 불렀다. 소피아가 곧 묵게 될 곳이었다. 그곳은 외부와 철저히 격리되어 삭막한 느낌이 들었으나, 우리는 병실이 예쁘다면서 소피아를 위로해 주기 위해 노력했다. 물론 아무 소용이 없었지만 말이다. 소피아는 병실에 아무런 관심도 없다는 듯 먼발치에서 불구경을 하듯 지켜보며 묻는 말에 "네, 네" 하고 대답할 뿐이었다.

수술을 받은 뒤에 소피아는 4주에서 8주간 이곳에서 지낼 것이었다. 수술날이 다가오고 있었다.

소피아의 네 번째 생일

나는 소피아의 네 번째 생일에 일을 해야만 했다. 어떻게 해서든 휴가를 받으려고 했지만 상황이 여의치가 않았다. 그래서 솔직히 말하면 그날에 대한 기억은 별로 없다. 게다가 그 무렵 나는 수술 생각으로 넋을 빼놓고 있을 때가 많았다.

소피아와 사라는 그날 일찍 일어났다. 우리 가족은 모여 앉아 케이크에 불을 밝히고 노래를 부르며 소피아의 생일을 축하해 주었다. 생일 케이크 위에 꽂힌 촛불 네 개를 소피아는 "후!" 하고 한 번에 꺼버렸다. 그날따라 소피아와 사라의 얼굴에 행복한 웃음이 떠나지 않았다. 출근한 지 얼마 안 돼 소피아에게서 전화가 왔다.

"아빠, 나 소포 받았어요!"

뮌헨에 있는 목사님이 인형을 보낸 것이었다. 소피아는 들뜬 목소리로 자랑을 늘어놓았다.

오후엔 친구들이 놀러 와서 소피아의 생일을 축하해 줬고 즐거운 시간을 보냈다고 한다. 나는 퇴근 후에 부리나케 집으로 달려가 소피아를 무릎에 앉히고 함께 이메일을 확인했다.

볼프강과 비르깃이 동영상을 보내왔다. 소피아의 생일 축하를 위해 노래를 불러주는 모습까지 담겨 있었다. 그들의 모습을 오랜만에 본 소피아는 손뼉을 치면서 기쁨을 감추지 못했고, 그 모습에 내 마음까지 뿌듯해졌다. 소피아는 다행히 행복한 네 번째 생일을 보낼 수 있었다.

소피아의 수술을 앞둔 어느 날, 직원 부족으로 골수이식과가 2주 동안 폐쇄된다는 공지가 붙었다. 소피아의 수술도 연기되었다. 이 어이없는 소식에 분개했다. 국민 복지와 최고의 의료 시스템을 자랑하는 이 나라에서 고작 직원이 부족하다는 이유로 이식과를 폐쇄한다니, 말이나 되는 소리인가. 수술은 10월 말이나 돼야 받을 수 있었다.

그때까지 시간이 너무 많이 남아 항암치료를 한 번 더 하자는 권유도 받았다. 항암치료를 받는 동안 실망스러운 또 다른 사건이 우리를 기다리고 있었다.

소피아에게 언니와 갈 테니까 기다리라고 얘기하면서 집으로 돌아올 땐 다 같이 오자며 전화로 약속했다. 사라와 나는 아침 8시에 병원에 도착했고, 사라는 병실에 들어가기 전에 의사에게서 몇 가지 의무적인 검사를 받아야 했다.

격리실 문 앞에서 검사를 받으려고 기다리고 있는데 소피아가 보였다. 소피아와 사라 사이에는 유리벽이 가로막혀 있었다. 둘은 코가 납작하게 눌릴 정도로 유리벽에 붙어선 서로를 뚫어져라 바라보고 있었다. 빨리 만나서 함께 놀고픈 마음이 간절했을 것이다. 그동안 얼마나 보고 싶었을까? 유리벽에 가로막혀 있는 모습이 너무도 애처로워 또다시 눈물을 훔쳐야 했다.

그때 한 여의사가 우리 곁을 지나고 있어 그녀를 불러 세웠다.

"소피아가 언니를 빨리 만나고 싶어서 그러는데, 사라가 검사를 좀 일찍 받을 수 있을까요?"

그 검사란 1분도 안 걸리는 아주 간단한 것이었다. 그런데 여의사의 대답은 어처구니가 없었다.

"마르텐센 씨, 진료는 8시 30분에 시작합니다."

그러고는 쌀쌀맞은 태도로 사라를 외면하고 가버렸다. 몰인정하기 짝이 없는 그 태도에 화가 나서 참을 수가 없었다. 이를 보다 못한 간호사가 다른 의사를 데려와주었다.

가족들이랑 아침식사를 하면서도 분한 마음이 가시지가 않았다. 그래서 식사를 마친 뒤에 그 여의사를 만나러 갔다.

"선생님께서 항상 저희를 위해 애써주신다는 건 잘 압니다. 그 점은 정말 감사하게 생각합니다. 그런데 선생님, 선생님은 병원이 무엇을 위한 곳이라고 생각하십니까? 여긴 암에 걸려 죽어가는 아이들을 치료하는 곳입니다. 우리 딸도 열심히 싸우고 있고요. 그런 아이가 오랜만에 언니를 만나 반가워하는 모습을 못 보셨습니까? 제가 선생님께 부탁드린 그 검사는 1분도 채 걸리지 않습니다. 아닌가요?"

이렇게 말하는 동안 나도 모르게 언성이 높아졌는지 다른 동료 의사가 들어와 무슨 일이냐고 물었다. 흥분한 여의사는 모든 게 내 잘못인 것처럼 설명하고 있었다. 그래서 내가 다시 동료 의사에게 자초지종을 설명해 주자, 그는 의사로서 어떻게 그럴 수가 있느냐며 그녀를 나무랐다. 이에 여의사는 딴소리를 해서 주위를 당황케 만들었다.

"이 가족 때문에 온 병원이 다 시끄러워요."

나도 지지 않고 맞섰다.

"그래요, 우리 가족이 좀 시끄럽긴 했지요. 그런데 이 슬프고 적막한 병원도 좀 시끄러워야 살맛이 나지 않겠습니까?"

마지막 항암치료가 끝나고 골수 검사를 받아야 했다. 검사 결과가 나올 때까지 소피아를 데리고 잠시 집에 갈 수 있다는 허락을 받았다. 그래서 좋기도 했지만 또 한편으론 수술날이 다가오고 있다는 사실에 조바심이 났다. 다행히 소피아의 수술날에 휴가를 받을 수 있었다. 물론 수술 전까지는 바쁘게 일을 처리해야만 했다.

아내는 시간이 날 때마다 시내에 나가 소피아의 장난감을 사 왔다. 격리실에 있으니 얼마나 심심할까 하는 생각에 뭐라도 더 사주고 싶었던 것이다. 물론 격리실엔 가지고 들어갈 수 있는 물건은 한정되어 있었다. 소독할 수 있는 것이어야 했다.

아내는 세심하게 장난감을 골라 뮌헨의 병실에 가져다놓았다. 그토록 많은 것을 실어 나르는 걸 보고 간호사들은 입을 다물지 못했다. 그러나 소피아는 별 감흥이 없었다. 그맘때쯤 소피아의 얼굴은 항상 굳어 있었다. 수술을 앞두고 있어서 그런지 긴장돼 보였다. 그래도 수술을 받기엔 무리가 없는 상태라

다행이었다.

어느 날 잠자리에 들기 전에 아내가 속삭였다.

"여보, 나 무서워. 소피아가 격리실에서 죽을까 봐 무서워. 이 수술, 안 하면 안 되겠지? 당신이 가만히 있지 않겠지?"

그 순간 나도 덜컥 겁이 났다. 소피아의 미래는 이 수술 하나에 달린 것일까?

많은 이들이 소피아가 암 투병 중이라는 걸 알았지만, 별로 신경 쓰지 않는 것처럼 보였다. 사람들에게 뭔가를 바라는 건 아니었지만, 왠지 모를 섭섭한 마음이 드는 건 어찌할 수가 없었다. 그러던 어느 날, 목발을 짚고 다니던 나이 지긋한 고객이 다시 나를 찾아왔다.

"소피아는 잘 해낼 겁니다. 그 아이가 이 선물을 맘에 들어 했으면 좋겠군요."

나무로 된 게임판이었다. 눈물이 핑 돌았다. 감사한 마음에 그 선물을 한참 내려다보았다. 하얀 배경에 나비와 꽃들이 예쁘게 그려진 그림을 맞추는 게임판으로, 귀한 수제품이었다. 정말 감사하다는 인사를 드리려고 고개를 드는 순간 그는 벌써 저만치 가게를 나서고 있었다.

그가 우리 소피아를 위해 오랜 시간을 들여 이토록 예쁜 게임판을 만들었다는 사실에 나는 감동을 받았다. 소피아가 그 선물을 받고 뛸 듯이 기뻐했다는 건 두말하면 잔소리다. 소피아는 어느새 그림 맞추기 놀이에 열중하고 있었다.

얼마 뒤에는 이웃에서 소피아를 위한 바자회를 여는 게 어떻겠느냐고 물어왔다. 물론 고마운 제안이기는 했지만 한편으론 '소피아의 치료비는 제가 다 감당할 겁니다' 하는 쓸데없는 자존심이 일었다.

솔직히 말해 경제적으로 그리 넉넉한 상황은 아니었는데, 그 점에서만큼은 다른 이들의 도움을 받고 싶지가 않았다. 그런데 우리도 모르는 사이에 목사님께서 소피아를 위해 바자회를 주최했다. 사라의 생일 다음 날인 일요일 예배 후에 하기로 예정돼 있었는데, 우리는 잘 알지도 못하는 사람들이 도움을 준다는 게 부담스럽기도 했고 혹 다른 꿍꿍이가 있는 건 아닐까 하는 의심마저 들었다.

드디어 바자회가 있던 날에 예배에 참석했다. 그리고 바자회를 위해 준비된 것들을 보고는 깜짝 놀라고 말았다. 많은 사람들이 몇 주 동안 정성스레 준비한 바자회는 아주 풍성했고, 커피와 케이크 등 먹을거리들도 많이 마련돼 있었다. 그때까지만 해도 사람들이 많이 안 올 거라고 생각했다.

그러나 얼마 지나지 않아 교회는 문전성시를 이뤘다. 목사님이 축도한 뒤에 나는 잠시 단상으로 나가 참석해 준 모든 이들에게 감사의 말을 전했다. 많은 사람들 앞에 서는 게 좀 떨리기도 했지만, 교회에 나가지도 않는 우리를 위해 정성스러운 손길을 건네주신 많은 분들께 진심으로 감사드린다는 말을 꼭 전하고 싶었다.

어찌나 많은 사람들이 왔는지 자리가 없어 교회 밖까지 줄을 서서 기다리는 이들을 보면서 아내와 나는 할 말을 잃은 채 얼굴만 멀뚱멀뚱 바라볼 뿐이었다. 그토록 많은 사람들이 소피아를 도와주기 위해 왔다는 게 도무지 믿기지가 않았다. 이웃사람들이 무심하다고 생각했던 나의 옹졸함이 부끄러워 얼굴이 화끈거리기까지 했다.

그날 바자회를 통해 얼마나 많은 사람들이 소피아에게 관심을 기울이고 기도해 주는지를 깨닫게 되었다. 그들의 진심 어린 마음을 알게 된 우리는 솟아오르는 뜨거운 눈물을 참을 수가 없었다. 그날의 소중한 시간을 통해 우리는 처음으로 이웃의 사랑과 따스한 정을 절절히 느낄 수 있었다.

때마침 그날 사라의 생일을 기념해 집에서 친척들과 파티를 하기로 했다. 그래서 우리는 아쉬운 마음을 뒤로하고 서둘러 집으로 향해야 했다.

이제 사라는 여덟 살이 되었다. 사실 사라에게는 늘 미안하고 안쓰러운 마음뿐이었다. 말은 안 했지만 그래도 엄마 아빠의 신경이 온통 소피아에게로 가 있어 내심 서운할 때가 많았을 것이다. 그런데도 배려심 많은 사라는 언제나 동생을 아끼고 사랑하며 잘 돌봐주었다.

사라의 생일 파티를 한 뒤에 아내와 나는 다시 교회를 찾았다. 그동안 어떤 여자 분이 우리에게 전해 달라며 봉투를 맡겨 놓고 갔다는데, 열어보니 꽤 큰 액수의 돈이 들어 있었다. 예쁜 카드에는 힘내라는 격려의 메시지가 담겨 있었다. 그 고마운 분은 이름도 알려주지 않아 감사드린다는 인사조차 할 수 없었다.

케이크도 다 팔려서 교회 사람들이 집에서 토스트기를 가지고 와 즉석에서 빵을 구워 팔았다고 한다. 목사님은 아이들과 함께 풍선을 불었고, 소피아의 첫 번째 생일 때처럼 소피아의 이야기를 담은 쪽지를 묶어서 하늘로 날려 보냈다. 이번에도 답장이 올까?

그렇게 해서 바자회는 끝이 났다. 물건 몇 개를 제외하곤 동이 날 정도로 성공적인 바자회였다. 그날 모은 기금은 소피아의 골수이식 수술비를 낼 수 있을 정도였다. 우리는 이번 일로 돈보다도 귀한 가르침을 얻을 수 있었다. 이웃을 사랑하는 사람들의 진심 어린 마음을 알게 되었고, 그들의 도움으로 이 세상이 아직 얼마나 따스한가를 깨달았다. 그로써 우리는 열심히 살아갈 수 있는 힘을 얻었다.

그날 힘써준 많은 분들에게 고개 숙여 감사를 전하고 뒷정리를 도운 뒤에 다시 집으로 향했다. 돌아가는 내내 그날의 벅찬 감동이 가슴 가득 뜨겁게 퍼졌다. 우리 가족에게 새 힘을 준 사라의 여덟 번째 생일은 앞으로도 영원히 잊을 수 없을 것이었다.

그즈음 소피아는 면역력이 크게 떨어져 사람들을 만날 수 없었다. 혹시라도 바이러스에 감염되면 수술을 받을 수 없었기 때문이다. 골수이식 수술은 2주 정도 남아 있었다. 그러나 그전에 상황이 달라졌다.

수술 전 주쯤에 고객에게 한참 제품을 설명하고 있는데, 아내에게서 전화가 걸려왔다. 아내는 울먹이며 소피아의 골수에서 뭔가가 발견되었다고 말했다. 아내가 자꾸만 울어서 무슨 말을 하는지 알아듣기가 어려웠다.

나는 병원에 직접 전화를 해보겠노라며 아내를 진정시킨 뒤에 수화기를 내려놓았다. 고객과 상담을 끝내기가 무섭게 나는 병원으로 전화를 걸었다.

의사는 문제가 생겼다며 전화로 말하긴 어려우니 다음 날 병원에 와달라고 했다. 나는 계속 질문했고, 의사는 계속 다음 날로 자세한 설명을 미뤘다. 뭔가 심상치 않다는 것을 느끼고 의사의 말에 아랑곳없이 질문을 해댔다. 그러자 결국 의사가 한마디를 남겼다.

"마르텐센 씨, 소피아의 상태가 많이 안 좋습니다."

전화를 끊은 나는 오히려 차분해졌다. 이상하게도 아무렇지가 않았다.

'아마도 골수이식 수술을 또 연기해야겠지. 그동안 항암치료를 다시 한번 해야 할 테고. 이 정도는 아무것도 아니야. 지금껏 어려운 고비를 얼마나 많이 이겨왔는데. 내일 병원에 가면 뭔가 좋은 방법이 생기겠지.'

그동안 숱한 시련을 견디며 나는 제법 강해져 있었다. 나는 집에 전화를 걸어 아내에게 다음 날 병원에 가기로 했다고 알려주었다.

"나도 갈래. 지금 소피아랑 사라를 엄마 집에 데려다 줄 거야. 집에 그냥은 못 있겠어."

아내는 여전히 울고 있었다.

퇴근 후에 장모님 댁에 갔더니 장모님 눈도 빨갛게 충혈되어 있었다. 엄마와 할머니가 많이 울었다는 걸 아는지 모르는지, 소피아와 사라는 신나게 놀고 있었다. 순간 아무 문제도 없을 거라던 믿음이 왠지 모를 두려움으로 산산이 부서지고 있었다.

"사라, 소피아, 오늘은 할머니 집에서 자야겠다. 괜찮지?"

아이들은 신난다면서 환호성을 질렀다.

다음 날 아침 일찍 아내와 나는 병원으로 갔다. 대기실도 거치지 않고 곧장 상담실로 들어갈 수 있었다. 역시 정신과 의사가 있었다. 우리는 침착했다. 아니, 침착해지려고 이를 악물었다. 그러나 느낌이 안 좋았다. 의사들의 표정도 예전과는 달리 심각해 보였다.

"소피아의 마지막 골수 검사 결과, 유감스럽게도 60퍼센트의 새로운 암세포가 발견됐습니다. 여러 의사들이 결과를 살펴봤고 정확히 확인했습니다. 골수이식 수술은 할 수가 없습니다. 죄송합니다."

지금 뭐라고 하는 거지? 귀에 솜을 틀어막은 것처럼 잘 들리지가 않았다. 무슨 뜻인지 도통 이해할 수가 없었다.

"그래서 수술 날짜를 연기해야 한다는 말씀이신가요?"

내가 의아해하며 물었다.

"마르텐센 씨, 새로운 암세포가 발생했다는 건 항암치료가 실패했다는 뜻입니다. 이제 방법은 하나뿐입니다. 치료 확률이 얼마나 될지는 아직 모르겠습니다만, 새로 나온 약으로 치료를 시도해 볼 수도 있습니다. 그러나 이 약을 쓰면 소피아는 몇 주 동안 백혈구 없이 지내야 합니다. 그동안 바이러스에 감염되면 소피아는 위험해집니다."

"그럼, 그 약 치료가 잘 되면 골수이식 수술을 할 수 있다는 말씀이죠?"

나는 아직도 수술을 할 수 있을 거란 믿음을 버리지 못하고 있었다.

"마르텐센 씨, 소피아는 이제 골수이식 수술을 받을 수 없습니다. 방법이 없어요."

나는 여전히 그 말을 이해하지 못했다.

"그럼 어떻게 해야 합니까?"

"두 가지 방법이 있습니다. 하나는 말씀드린 새로운 약으로 치료를 하는 것입니다. 몇 주 동안 암세포가 제거되긴 하겠지만 부작용이 심합니다. 소피아에게 혹 바이러스가 침투한다면 견딜 수 없을 겁니다. 또 다른 방법은… 댁에서 소피아가 마지막 시간을 평화롭게 보내도록 해주는 겁니다."

나는 이성을 잃고서 막무가내로 묻기 시작했다.

"시간이 얼마나 있습니까?"

"한 달입니다. 길어야 두 달."

주먹에 힘이 들어가고 심장이 거칠게 뛰기 시작했다. 아무런 생각도 할 수가 없었다. 앞으로 어떻게 해야 할지 아무런 생각도 떠오르지가 않았다.

"새로운 약으로 치료를 해봅시다. 이대로 가만히 있을 순 없지 않습니까?"

"두 분이 함께 잘 생각해 보시고 결정하세요. 소피아가 새로운 약으로 치료를 받다가 상태가 악화되면 손을 쓸 새도 없이 병원에서 생을 마감할 수도 있습니다."

"아니에요! 소피아는 끝까지 잘 견뎌낼 겁니다. 새로운 약으로 치료도 해보고 상태가 좋아지면 골수이식 수술도 받고, 그렇게 끝까지 싸워볼 겁니다. 우리에게 치료의 기회가 있는 한 당연히 받아야 되는 것 아닙니까?"

나는 내 생각이 옳다고 믿고서 끝까지 치료를 고집했다. 그때 아내가 큰소리를 냈다.

"소피아가 겪었던 고통은 지금까지 받은 것만으로도 충분해. 삶의 마지막 시간이라도 집에서 평화롭게 보내자는데, 당신은 왜 그걸 이해 못하는 거야? 정말 소피아를 병원에서 죽게 내버려둘 작정이야?"

의사도 아내를 거들었다.

"마르텐센 씨, 삶의 질이 중요하다는 말을 기억하십니까? 소피아는 병원에서 고통만 받다가 죽을 수도 있습니다."

의사의 말이야 그렇다 치더라도, 아내까지 소피아를 그냥 죽게 내버려두자고 말하는 건 나로서는 결코 이해할 수 없었다. 어떻게 엄마라는 사람이 자기 딸을 그냥 죽게 내버려두자고 할 수 있단 말인가? 나를 제외한 상담실의 모든 사람이 소피아가 빨리 죽길 바라는 것처럼 보였다. 나는 숨을 쉬기가 힘들 정도로 화가 났고 속이 상해서 눈물까지 흘렸다. 거기 있는 사람들을 죽여버리고 싶은 끔찍한 생각마저 들었다.

'소피아를 그냥 죽게 내버려두라니, 어떻게 그럴 수 있단 말인가. 카렌이 어떻게 저런 결심을 했을까? 엄마가 자기 딸을 포기하고서 살 수 있단 말인가? 우리는 한 가족이 아니었던가? 부모라면 마땅히 딸의 생명을 위해 싸워야 하는 것 아닌가?'

나는 결국 자리를 박차고 밖으로 나와버렸다. 너무 화가 나서 정말이지 무슨 일이라도 저지를 것만 같아 얼른 자리를 피하는 편이 좋겠다고 생각했다.

복도에 목사님이 앉아 있었다. 그는 나를 보고 뭔가 말을 꺼내려고 했으나 나는 그냥 그를 지나쳐 밖으로 달려 나갔다. 모든 게 충격적이고 당황스러웠다. 담배를 피우려고 했지만 손이 떨려 꺼낼 수가 없었다.

'소피아가 싸울 수 있게 할 거야. 나 혼자서라도 끝까지 도와줄 거야.'

다른 생각은 할 수가 없었다. 다른 사람들은 모두 적으로만 보였다. 카렌에게 배신감마저 느꼈다. 겨우 담배를 꺼내 불을 붙이고는 연기를 깊게 빨아들였다.

'괜찮아. 소피아와 나만으로도 충분해. 다른 사람은 필요 없어.'

나는 다시 상담실로 올라갔다.

아내는 소파에 앉아 울고 있었고, 곁에서 의사들이 안타까운 얼굴로 서 있었다. 아내가 다시 울먹이며 말했다.

"당신은 소피아가 정말로 병원에서 죽었으면 좋겠어? 당신은 소피아를 누구보다도 사랑하잖아. 소피아가 우리를 떠날 수밖에 없다면 마지막 시간이라도 편안하게 지내도록 해주고 싶어. 집에서 좋은 추억을 만들어주고 싶어. 여보, 소피아가 집에서 편안하게, 자유롭게 있다가 떠날 수 있게 해주자. 응? 병원에 있으면 남은 건 고통뿐이야. 소피아는 이제 더는 버틸 힘이 없어."

그 순간 나는 아내와 헤어져야겠다는 생각까지 했다.

'약으로 치료를 안 하면 죽는다고 했잖아. 치료될 확률이 있으면 당연히 해봐야지, 어떻게 포기한단 말인가.'

나는 그때까지도 계속 내 생각이 옳다고 우겨댔다.

"그럼 소피아에게 물어보고 결정하자."

나는 소피아가 분명 치료를 받을 것이라고 생각했다.

"소피아의 삶이잖아. 그러니까 소피아한테 가서 물어보자. 소피아가 치료를 받는다고 하면 그대로 하는 거야. 싫다고 하면 나도 더는 아무 말도 안 할게."

소피아는 틀림없이 치료를 받는다고 할 것이다.

'소피아는 강한 전사잖아. 우리 딸은 결코 이대로 포기하지 않을 거야.'

병원을 떠나면서 의사들에게 인사조차 하기 싫었다. 의사들이라면 꼴도 보기 싫었다. 집으로 가는 내내 아내와 나는 말이 없었다. 그날만큼 집으로 가는 길이 멀게만 느껴진 적도 없었다.

소피아에게 어떻게 설명해야 할까? 거짓말은 하고 싶지 않았다. 네 살배기 소피아에게 이토록 어려운 선택을 대체 어떻게 설명해야 할까? 힘겨운 치료를 받을 것인가, 집에서 죽음을 기다릴 것인가….

장인어른과 장모님은 우리 얼굴을 보더니 이내 모든 상황을 파악하신 듯했다. 우리는 소피아와 사라를 앉혀두고 힘겨운 설명을 시작했다. 차마 할 수 없는 말이었지만 거짓말 없이 그대로 전해 줘야만 했다. 소피아와 사라는 기분이 좋아 보였다.

"소피아, 사라. 엄마 아빠가 뮌헨에 있는 병원에 다녀왔는데 말이야…. 의사 선생님이 소피아 몸 안에 암세포가 다시 생겼대. 그리고 우리에게 둘 중 하나를 정하라고 하셨어. 하나는 다른 약으로 치료를 받는 거야. 그러면 건강해질 수도 있지만, 잘못될 수도 있대. 잘못되면… 잘못되면 말이야, 소피아는 신디가 간 하늘나라로 갈지도 몰라."

울음이 쏟아져 나오는 것을 꾹꾹 참아내며 다시 힘겹게 말을 이어갔다.

"또 다른 방법은 다 함께 그냥 집에서 지내는 거야. 집에서 하고 싶은 걸 다 할 수 있어. 볼프강 아저씨랑 비르깃 아줌마가 있는 아프리카에 다녀올 수도 있단다. 그런데 이 방법을 선택하면 소피아는… 소피아는 나중에 혼자서 하늘나라로 가야 돼."

소피아에게 이 모든 걸, 죽음을 말했다는 사실이 믿어지지가 않았다. 게다가 아프리카라니, 다녀올 수 있을지 장담도 못하면서 왜 그런 약속까지 해버린 걸까.

사라가 엉엉 울기 시작했다. 그러자 소피아가 언니의 눈물을 닦아주었다.

"언니, 울지 마. 소피아는 언니 옆에 있을 거야. 약속, 약속."

다른 부모라면 어떻게 했을까? 진실을 말했을까? 그동안 병마와 싸우면서 고통을 견뎌온 우리 아이들은 어른스러웠고, 아빠가 얘기해 준 진실을 이해했다.

아내는 결국 소피아를 안고서 펑펑 울었다. 소피아는 엄마의 볼을 쓰다듬었다.

"엄마, 왜 울어?"

"무서워서."

"엄마, 무서워하지 마. 내일까지 잘 생각해 볼게. 잘 생각해서 둘 중에 하나 고를게."

사랑하는 것과 미쳐버리는 것은 비슷하다고 했던가. 그 순간 나는 그 둘을 동시에 경험했다. 나는 세상을 다 준다고 해도 바꿀 수 없을 만큼 소피아를 사랑했고, 병마로 인해 소피아가 이렇게까지 고통을 당한다는 사실에 미쳐버릴 것만 같았다.

모두 집으로 돌아왔다. 소피아는 곧장 침대에 가서 누웠다. 사라는 여전히 울음을 그치지 못한 채 침대에 누워 있었다. 소피아와 좀 더 이야기를 하고 싶었지만, 소피아는 졸리다며 눈을 감았다. 아내와 나도 극심한 피로를 느끼며 잠을 청했다.

Ⅳ

꿈에서 찾은 답

다음 날 아침에 소피아는 자신이 고른 방법을 알려주었다.

"어젯밤 꿈에 신디를 봤어요. 같이 산책도 하고, 놀았어요. 신디가 나한테 오라고 했어요. 그래서 난 신디가 있는 곳에 가야 돼요."

나는 그 자리에서 굳어버렸고, 아내는 소피아를 안고 통곡했다. 내가 잘못 들은 걸까? 죽은 신디가 오라고 했다니? 나는 소피아 앞에 무릎을 꿇었다.

"소피아, 다시 잘 생각해 봐. 한 번만 더 병원에 가면 넌 건강해질 수도 있어. 신디가 있는 곳엔 너 혼자 가야 돼. 엄마 아빠도, 언니도 따라갈 수 없는 곳이야."

그때 사라가 침대에서 뛰어 내려와 소피아를 붙잡고 애원했다.

"소피아, 가지 마! 언니랑 같이 있자, 응? 제발 가지 마, 제발 가지 마."

사라는 눈물 콧물을 쏟아내면서 동생의 잠옷자락을 붙잡고 매달렸다. 얼이 다 빠진 아내는 곧 쓰러질 것만 같았다.

"언니, 울지 마. 난 가야 돼. 엄마 아빠도 울지 마세요. 신디가 있는 곳에 가면 안 아프잖아요. 난 신디랑 잘 지낼 거예요."

그러고는 엄마의 무릎에 앉아 눈물을 닦아주었다. 소피아는 자신이 내린 결정에 확신을 가지고 차분하게 행동하고 있었다.

신디의 꿈을 꾸고 난 뒤로 소피아는 어딘지 모르게 달라져 있었다. 엄마 아빠보다도 삶의 지혜와 경험이 더 풍부해진 것 같았다. 우리는 꺼져가는 촛불처럼 약했지만, 소피아는 밝게 타오르는 불꽃처럼 강해 보였다. 그 뒤로도 소피아는 꿈속에서 자주 신디와 만나 놀았다고 했다.

"소피아, 아빠는 왜 신디를 만날 수 없을까?"

"아빠한테 문제가 있어서 그래요."

내가 무슨 문제가 있을까? 정든 개를 떠나보내고 싶어 하지 않았던 것밖에는, 이 세상에 조금이라도 더 함께 있고 싶었던 것밖에는 없는데.

소피아가 자신의 삶을 결정한 뒤로도 어떻게 해야 할지 갈피를 잡을 수가 없었다. 그전까지는 미약하나마 치료 확률이 있다는 것을 믿고 달려왔지만, 모든 것이 끝나버린 것만 같았다. 아무것도 할 수가 없었다. 한 달 혹은 두 달 동안 기다리다가 소피아가 죽는 것을 구경해야 하나? 병마가 우리 딸을 데리고 가는 순간 "그래, 네가 이겼다"라고 축하해 줘야 하나? 그 순간 소피아와 신디가 함께 하던 시간들이 떠올랐다. 그래, 둘이 함께 있을 때면 세상의 행복이란 행복은 다 가진 듯했지….

"아빠, 나 아프리카에 가고 싶어요. 가서 볼프강 아저씨랑 비르깃 아줌마도 만나고요. 사자도 보고 싶어요."

소피아는 신디 곁으로 가기 전까지 하고 싶은 것을 다 해보려는 듯했다. 그 아이에게는 자신이 원하고 결정한 것에 대한 굳은 확신과 열정이 있었다.

어떻게 해서든 소피아와 함께 아프리카로 가고 싶었다. 병원에 전화를 걸어 도움을 청하자, 여러 가지 서류도 받아야 하고 약도 많이 챙겨야 한다고 했다. 주말에 뮌헨으로 가서 아프리카로 가기 위한 절차를 밟기로 했다.

이젠 소피아가 보고 싶어 하는 사자를 만나게 해줘야겠다는 생각뿐이었다. 하루빨리 아프리카로 떠나고 싶었지만 여권도, 비행기 표도 없었다. 그래서 아내와 함께 임시 여권과 비행기 표를 준비하러 갔다. 물론 볼프강과 비르깃에게는 곧 아프리카로 간다고 알려주었다. 여권을 만드는 데 시간이 꽤 걸린다고 하기에 사정을 얘기하자, 감사하게도 월요일까지 모든 준비를 마쳐주겠다고 했다.

나미비아에 가는 비행기 표를 구하는 건 무척 어려운 일이었으나, 여행사 직원이 친절하게 도와준 덕분에 다행히 월요일 밤에 출발할 수 있게 되었다. 비행기 표는 무척 비쌌지만 돈은 더 이상 문제가 되지 않았다. 빚을 내서라도 소피아의 마지막 소원을 들어주고 싶었다.

병원의 의사들을 비롯해 여권사무실, 여행사까지 큰 도움을 준 덕분에 소피아의 아프리카 여행은 곧장 실행에 옮길 수 있었다.

주말엔 여행 가방을 싸느라 정신없이 바빴다. 제리는 로저에게 맡겼다. 언제든 기꺼이 도움을 주는 로저는 정말 고마운 친구였다.

우리 모두 분주했던 것과 달리 소피아는 차분해 보였다. 일요일엔 뮌헨 병원에 가서 서류와 약을 받았다. 의사들이 너무도 친절하게 꼼꼼히 준비해 주었다. 아내와 함께 소피아의 약에 관해 설명을 듣고 있었는데 전에 우리를 섭섭하게 했던 여의사가 다가왔다.

"그땐 너무 죄송했어요. 많이 힘드시죠?"

그녀는 눈물이 그렁그렁한 채로 우리를 위로해 주다가 결국 울면서 그 자리를 떠났다. 그때 일에 대해선 나 역시 미안한 마음이 있었는데 먼저 다가와 손을 내밀어줘서 너무도 고마웠다.

병원에서 다시 한번 일러주었다.

"한 달에서 두 달쯤 남았습니다."

그 짧고도 짧은 시간 동안 소피아가 하고 싶었던 일들을, 그동안 병원에 있느라 못했던 일들을 다 할 수 있도록 도와줘야 했다. 나는 한 달이 지나고 두 달이 지나서도 소피아가 계속 살아줄 것이라 믿었다.

오후 4시에 뮌헨 공항으로 갈 계획이었다. 우리 가족의 아프리카행 소식을 들었을 때 볼프강과 비르깃은 무척 반가워했다. 볼프강은 벌써 휴가까지 받아놓고서 우리와 함께 보낼 시간을 기다리고 있었다.

월요일 아침에 여권을 받았다. 그리고 마지막 준비로 멤민겐에 있는 병원에 가서 히크만카테터를 씻어야 했다. 간호사가 소피아의 머리를 쓰다듬으며 말했다.

"소피아, 언니 집에 말이 있거든? 따그락따그락 타는 말. 아프리카에 갔다 오면 언니한테 전화해. 구경시켜 줄게."

소피아는 손뼉을 치면서 무척 좋아했다. 동물이라면 사족을 못 쓰던 소피아였다.

의사가 카테터를 씻어주길 기다리면서 소피아에게 말했다.

"조금만 참으면 비행기 타러 갈 거야. 아프리카에 가서 볼프강 아저씨랑 비르깃 아줌마도 만나고 사자도 보는 거야."

그때 갑자기 소피아의 태도가 돌변했다.

"우린 아프리카에 못 가요."

나는 무서워졌다.

"소피아, 왜 그러니? 이제 비행기만 타면 아프리카에 갈 수 있어. 조금만 더 참으렴. 우리 소피아가 사자 보고 싶어 했잖아? 아프리카 갈 준비가 다 됐으니까 힘내, 소피아."

그러나 소피아는 소리를 지르기 시작했다.

"우린 못 가요! 우린 못 가요!"

그때 나는 이해할 수 없었지만, 소피아는 아프리카로 가지 못하리란 것을 이미 알고 있는 듯했다.

카테터를 씻은 뒤에 소피아의 상태가 갑자기 나빠졌다. 이마가 뜨거웠고, 온몸을 덜덜 떨기 시작했다. 나는 소피아를 안아 올렸다. 아이는 축 처져 있었다. 간호사가 병실로 우리를 안내해 주었다. 의사는 카테터에 바이러스가 있어 씻을 때 소피아의 몸에 들어간 것 같다며, 한 시간쯤 있으면 괜찮아질 수도 있다고 했다.

"괜찮아지면 예정대로 여행을 가실 수 있을 겁니다."

그러나 한 시간이 지나도 소피아는 여전히 축 처진 채로 침대에 누워 있었다. 온몸이 불덩이 같았다. 결국 닷새 동안 항생제 치료를 받아야 했다. 소피아는 이렇게 되리란 걸 알고 있었던 걸까? 안타깝고 안타까운 마음에 눈물이 쏟아져 내렸다.

아프리카, 사자, 볼프강과 비르깃…. 그 아름다운 계획들이 꿈처럼 사라져갔다. 병마에게 무참히 짓밟혀버린 것 같아 화가 치밀었다. 소피아는 그 무엇도 마음껏 해보지 못한 채 우리 곁을 떠나는 걸까? 하느님은 존재하지 않을 것이다. 만약 존재한다면 어떻게 지금 이 순간조차도 고통을 주는가?

소피아는 잠이 들었고, 지친 아내는 그 곁에 엎드려 있었다. 나는 여행사로 가서 아프리카 여행을 취소했다.

소피아의 비행기 표를 제외하고는 모두 환불되었다. 볼프강과 비르깃에게 이메일로 이 소식을 전했고, 뮌헨 병원에 전화를 걸었다. 소피아의 상태가 나빠져 여행을 못 가게 되었다고 하자, 병원에선 마치 자기 일처럼 안타까워했고 속히 간호사를 보내주겠다고 했다. 언젠가 소피아는 뮌헨 병원으로 다시는 안 갈 거라고 단단히 못을 박았다. 나는 소피아에게 약속해야 했다.

"그래, 다신 뮌헨 병원에 안 갈 거야."

뮌헨 병원에서 오게 될 마리온 간호사는 히크만카테터 전문가였고, 우리 집에서 약 15킬로미터쯤 떨어진 동네에 살고 있었다. 소피아에게 좋은 친구가 되어주길 바라면서도 한편으로 걱정이 앞섰다. 병든 환자들에게 시달려 마음이 차갑게 굳은 사람이면 어쩌지? 소피아가 마리온을 싫어하면 나는 뮌헨 병원으로 가지 않겠다던 약속을 어길 수밖에 없었다.

소피아는 소파에 누워서 즐겨보는 〈미녀와 야수〉를 감상 중이었다. 항생제 치료를 받고 있었던 소피아는 상태가 좋았다. 과자를 야금야금 먹으면서 만화에 몰입하고 있는 소피아를 보면서 여행을 못 가게 된 것이 다행이라는 생각도 들었다. 그토록 머나먼 나라에서 소피아가 열이 팔팔 끓었다면 어땠을까? 게다가 볼프강의 집 근처에는 병원이 없다고 했다. 생각만 해도 가슴이 서늘해졌다.

소피아는 사자 대신에 텔레비전을 보고 있었다. 물론 아프지도 않고 건강한 모습으로 아프리카에 가서 사자를 볼 수 있었다면 정말이지 더 바랄 일이 없을 것이었다.

"소피아, 여행 못 가서 서운하지 않아?"

"괜찮아요. 할 수 없죠, 뭐."

그러고는 다시 고개를 돌려 열심히 텔레비전을 보았다.

마리온이 도착해 집으로 들어오는 순간부터 우리는 그녀가 따뜻한 사람이라는 걸 느낄 수 있었다. 마리온은 소피아의 카테터를 손보았다. 가만히 있을 소피아가 아니었는데 그날따라 얌전했다. 마리온은 하루에 두 번씩 카테터에 항생제를 넣었다. 거추장스러운 카테터 때문에 소피아는 하고 싶은 걸 제대로 할 수도 없었다.

목사님이 소식을 듣고서 집으로 오셨다. 목사님은 많은 이들의 편지와 선물이 담긴 커다란 상자를 들고 계셨다. 바자회 때 날린 풍선을 받고서 보낸 답장도 있었다.

얼마 지나지도 않았는데, 바자회에서 감격에 벅찬 시간을 보냈을 때와 모든 게 달라졌다. 다른 세상에 있는 것 같았다. 상자 안을 들여다보니 커다란 곰인형도 있었고, 아이들이 그린 그림도 있었다. 아울러 편지에는 희망의 이야기들이 가득 담겨 있었다. 나는 모두에게 감사의 답장을 보내주었다.

다음 날 전화벨이 울렸다. 가비 간호사였다. 소피아와 같은 나이의 딸이 있던 가비는 소피아의 여행이 무산된 소식을 듣고서 너무도 마음이 아팠다고 한다. 그래서 아픈 아이들의 꿈을 이뤄주는 기관에 소피아의 이야기를 해놨으니 곧 연락이 올 것이라고 했다. 세심하게 신경을 써준 가비에게 너무도 고마웠다.

"소피아, 아프리카에 가는 거 말고 또 뭘 하고 싶어?"

"몰라요…. 아니, 알아요. 아기 사자를 보고 싶어요."

곧 기관에서 전화가 왔고, 친절한 직원이 이것저것 물어보았다. 나는 아프리카, 사자 등등 모든 것을 설명해 줬고, 소피아에게 시간이 별로 없다는 말도 덧붙였다.

"새끼사자는 보기 힘든데…. 지금 동물원에도 없는 걸로 알고 있어요. 그렇지만 한번 알아볼게요. 혹시 또 다른 건 없나요?"

"소피아는 디즈니만화를 좋아합니다. 공주처럼 드레스를 입는 것도요. 특히 미녀와 야수의 여주인공 벨을 아주 좋아하죠. 혹시 디즈니랜드….”

나는 미안한 생각이 들어 말끝을 흐렸다. 프랑스의 파리에 있는 디즈니랜드에 가려면 돈도 많이 들 것이었다.

“괜찮아요. 저희는 소피아에게 특별한 선물을 해주고 싶어요. 알아보고 다시 연락드릴게요.”

마리온을 만난 건 큰 행운이었다. 마리온 덕분에 소피아는 집에서 편안히 잘 지낼 수 있었다. 소피아를 위해 뭐든 해주려고 최선을 다하는 순간순간이 한편으로 기쁘기도 했다.

사라는 소피아랑 게임을 할 때면 일부러 져주기도 했다. 지는 걸 못 참는 동생을 위한 사라 나름의 배려였다. 아픈 동생을 위해 많은 것을 양보하고 최선을 다해 돌봐주는 사라는 어느새 어른이 되어버린 것 같았다.

드디어 기관에서 전화가 왔다.

“가족 분들이 디즈니랜드에 갈 수 있도록 준비해 뒀어요. 소피아가 벨을 만나 아침식사를 할 수 있는 시간도 있죠. 금요일에 출발하는 건 어떠세요?”

야호! 소리가 절로 나왔다. 소피아도 기뻐하며 외쳤다.

“야호! 신난다! 난 벨을 만나러 간다. 난 벨을 만나러 간다. 벨이랑 아침도 먹을 거야. 와!”

유명세를 치르다

장인어른께서 금요일에 우리를 공항에 데려다 주셨다. 기관에서 나온 카린이란 직원이 우리를 기다리고 있었다. 그녀는 일정을 친절하게 설명해 주었다. 소피아와 사라는 처음으로 비행기를 타는 터라 걱정이 되기도 했다. 특히 이륙할 땐 어른들도 고생하는데 말이다. 사라는 엄마 옆에, 소피아는 내 옆에 앉아 이륙하기 전부터 잔뜩 설레 있었다. 소피아가 안전벨트를 톡 끌렀다가 다시 짤깍 잠그는 것에 재미를 붙여 끌렀다 잠갔다를 계속했다. 다른 사람들에게 피해가 간다면서 그만 하라고 했더니 금세 뾰루퉁해지기도 했다.

비행기가 서서히 움직이자 소피아는 방방거리며 흥분했다.

"우린 난다! 우린 난다!"

나는 소피아에게 이륙 시 주의점을 설명해 주려고 했다.

"비행기는 날기 전에 아주 빨리 가야 해. 그러고 나서 비행기가 붕 뜨면, 배에 이상한 느낌이 들 거야."

그런데 그러는 사이 비행기는 벌써 이륙했고, 소피아는 겁내기는커녕 여전히 재밌어했다.

곧 디즈니랜드의 호텔에 도착했다. 두 딸은 창밖으로 펼쳐진 풍경을 넋을 잃고 바라보았다.

"우와! 동화나라다!"

호텔 앞에는 빨간 카펫이 깔려 있었다. 우리는 콩닥콩닥 설레면서 궁전 같은 호텔로 들어섰다.

시골에서 처음으로 도시에 온 사람들처럼 우리는 눈을 동그랗게 뜨고서 주위를 두리번거렸다. 정말이지 꿈만 같았다. 빨간 카펫, 반짝이는 샹들리에, 금빛 장식들. 사람들도 많았다. 문득 사람이 너무 많으면 소피아가 힘들어지는 건 아닐까 걱정되었다.

한참 동안 기념품을 구경한 뒤에 방으로 올라왔다. 여객선 안에 들어온 것처럼 꾸며놓은 실내에는 크고 동그란 창문과 편안한 침대가 있었다. 소피아와 사라는 침대에 올라가서 방방 뛰놀기 시작했다. 그때 내가 무슨 생각을 했을까?

'내년 이맘때쯤 소피아는 이 세상에 없겠지? 그때 우린 어떻게 지내고 있을까? 소피아의 무덤 앞에 있는 건 아닐까?'

그러나 팔랑거리며 뛰노는 소피아는 건강해 보였다. 그래서 이런 생각이 그저 망상으로 그치길 간절히 바랐다.

'혹시 의사들이 모르고 있는 건 아닐까? 소피아가 건강해지고 있다는 걸 말이야.'

기적적인 치료법이 사람을 살린다는 이야기를 들은 것도 같았다. 오늘 같은 날이 소피아에겐 기적과도 같은 치료법이 될 수도 있었다.

디즈니랜드는 엄청 컸다. 카린이 없었다면 어디로 가야 할지 몰라 하루 종일 헤맸을 것이다. 카린의 친절한 안내를 받으며 제일 먼저 잠자는 숲 속의 공주가 있는 궁전으로 갔다. 소피아는 궁전 앞에서 코를 골고 있는 기사를 보며 배를 잡고 크게 웃었다.

"아빠, 아빠, 저기 보세요. 아저씨가 코를 골아요."

놀이기구를 타는 것 또한 굉장히 좋아했던 소피아는 피터팬의 배에서 도무지 내리려고 하지를 않았다. 특별 입장권 덕분에 계속 앉아 있어도 괜찮았다. 그래서 그 배를 타고 몇 번이나 돌았는지 모르겠다. 사람들이 줄을 서서 기다리고 있는 놀이기구도 바로 탈 수 있었는데, 소피아는 이런 특별 대접을 무척이나 즐기고 있었다.

이렇게 해서 디즈니랜드에서의 첫날이 지났다. 아내와 나는 녹초가 되었지만 두 딸은 여전히 생생했다. 다음 날 일정을 위해 푹 쉬어둬야 했으므로 일찌감치 불을 껐는데도, 소피아와 사라의 웃음소리는 한참 동안 계속되었다. 다음 날 아침엔 소피아가 벨을 만나 함께 식사를 할 예정이었다.

아침 일찍부터 일어난 소피아는 새처럼 재잘재잘 지저귀었다.

"오늘은 벨을 만나는 날이에요. 벨을 만나는 날이에요."

그 노랫소리에 우리도 일찍 눈을 뜰 수밖에 없었다. 그런데 벨에게 갑자기 일이 생겨 아침식사를 한 뒤에 만나기로 했다. 벨과 아침식사를 못하는 대신에 우리는 VIP들만 묵을 수 있는 방에서 식사를 할 수 있었다.

소피아는 공주님처럼 다소곳이 앉아 아침을 맛있게 먹었다. 물론 벨을 빨리 만나지 못해 실망하기도 했지만 이내 다시금 기대에 부풀어 올랐다.

"조금 있다가 벨이 나를 만나러 온대요. 다른 애들한테는 안 가고 나만 보러 온대요. 그렇죠, 아빠?"

식사를 다 끝냈을 때 우리는 엘리자벳이란 직원의 안내를 받으며 엘리베이터를 탔다. 그녀가 엘리베이터에 있는 전화에다 프랑스어로 뭔가 이야기를 하자 문이 열렸다. 우리의 눈앞에는 아치 모양으로 화려하게 장식된 방이 나타났다. 디즈니랜드에서도 아주 특별한 공간에 온 것 같았다.

"여긴 디즈니랜드 간부들이 회의를 하는 곳이랍니다. 여기에서 디즈니의 메이크업 아티스트가 소피아를 예쁘게 꾸며줄 거예요."

소피아는 처음엔 수줍어하는 것 같더니 이내 그들을 잘 따랐다. 그날은 디즈니랜드가 소피아를 위해 존재하는 것 같았다. 화장을 한 뒤에 소피아는 반짝거리는 드레스를 입고 왕관을 썼다. 소피아는 정말 예쁜 공주님이 되었다. 저도 꼭 공주가 된 것처럼 행동했다. 소피아의 머리에 놓인 왕관을 보면서 예쁜 금발머리가 있었다면 얼마나 예뻤을까 하는 생각이 들어 나도 모르게 눈물이 흘렀다.

그래도 소피아는 그 순간 지구상에서 제일 행복한 어린이 같았다. 물론 사라도 화장을 예쁘게 했는데, 드레스는 받지 못했다. 소피아처럼 드레스를 입고 싶었을 텐데도 사라는 마냥 행복해하는 동생을 바라보는 것만으로도 좋다는 듯 함께 기뻐해 주었다.

벨을 만날 시간이 되었다. 문이 열리자 소피아와 똑같은 드레스를 입은 벨이 들어왔다. 소피아는 벨에게 다가가 공주처럼 양손으로 치마를 들고서 무릎을 살짝 굽히며 인사를 했다. 두 사람은 소파에 앉아 즐겁게 이야기를 나누었다. 물론 둘 사이엔 통역사가 있어 대화하는 데 아무런 문제도 없었다.

"야수는 아직도 마술 장미꽃을 가지고 있어요?"

"그럼요, 가지고 있죠. 야수는 아쉽게도 소피아를 만나러 오지 못했어요. 그렇지만 지금 소피아가 입고 있는 드레스는 야수가 선물해 준 거랍니다."

그러고는 벨이 소피아를 무릎에 앉혔다. 소피아는 얌전히 앉아서 벨의 얼굴을 하염없이 올려다보았다. 그때 소피아의 모습은 가슴이 찡할 정도로 행복해 보여 곁에 있던 사람들은 모두 눈물을 흘렸다.

소피아는 벨과 함께 기념사진도 찍었다. 그때가 소피아의 삶에서 가장 행복한 순간이 아니었을까. 그때 소피아가 우리에게 남긴 사진들은 무엇으로도 바꿀 수 없는 소중한 선물로 남았다.

벨은 두 딸에게 디즈니 책을 한 권씩 선물해 주었다. 게다가 이 책 속에 등장하는 인물들 모두에게 사인을 받을 수 있는 선물까지 받았다. 벨이 첫 번째 주인공이었다. 소피아는 저녁에 다시 만나기로 약속하고서 벨과 헤어졌다.

가게 옆에 있던 스케이트장에선 미키마우스와 미니마우스의 쇼가 있었다. 많은 사람들이 길게 줄을 서서 기다리고 있었다. 물론 줄을 서지 않고 바로 들어갈 수 있는 특권을 누렸다. 기다리는 사람들에게 미안한 마음이 들었으나, 소피아를 위한 특권이라 어쩔 수가 없었다.

"쇼가 끝나면 잠깐만 기다려주시겠어요? 소피아에게 줄 선물이 있어요."

그곳 직원이 어떻게 소피아의 이름을 알았을까? 엘리자벳이 말해 줬을까?

미키와 미니 그리고 다른 인기 캐릭터들이 아름답게 스케이트를 타면서 펼쳤던 쇼는 정말 인상적이었다. 쇼가 끝나고 직원을 기다리고 있었는데, 스케이트 중앙에 있던 캐릭터들이 한 명 한 명 다가와 소피아에게 장난을 치기 시작했다. 소피아는 겁도 내지 않고 환한 웃음꽃을 피웠다. 디즈니 캐릭터들은 소피아와 인사를 하고서 벨에게 선물로 받은 책에 사인을 해 주었다.

스케이트장을 나온 소피아는 꽤 피곤했던지, 유모차에 앉자

마자 깊이 잠들었다.

사람이 드문 곳에 자리를 잡고 우리는 휴식을 취했다.

"모든 게 꿈만 같아."

아내는 우리 가족이 이렇게 와 있는 것을 아직도 믿을 수 없는 모양이었다.

"그래, 꿈이야. 너무 행복한 꿈이라서 절대 깨면 안 되는 꿈!"

그 순간 지금껏 의사들에게서 들었던 모든 상황들이 주마등처럼 스쳐 지나갔다. 지금 소피아는 아무리 봐도 전혀 아프지 않고 건강해 보였다. 소피아가 정말 죽을까? 처음부터 병원에 있지 않고 오늘처럼 하루하루를 보냈다면 소피아는 오히려 건강해지지 않았을까?

그날 소피아의 모습은 많은 이들의 사진 속에 남아 있을 것이다. 물론 소피아의 존재를 잊어버린 사람들도 있겠지만, 그곳에 모였던 온 세계 사람들의 추억 속에 우리 딸이 새겨져 있다는 사실에 지금도 가슴이 벅차다. 나 역시 그 모든 장면을 캠코더에 담아놓았다. 찍는 동안 벅찬 감격에 손이 떨려 화면이 흔들렸지만 소피아가 웃는 모습만은 정말 그림처럼 잘 나왔다.

퍼레이드가 끝나고 썰매에서 내린 소피아가 우리를 향해 두 팔 벌려 달려왔다. 퍼레이드 이벤트는 우리 가족에게 평생 간

직할 멋진 추억을 남겨주었다. 그날 새로운 에너지를 얻은 것만 같았다. 죽음을 잊고서 오직 행복한 가정의 기쁨을 마음껏 누릴 수 있었다.

디즈니랜드를 뒤로하고 소피아는 닭똥 같은 눈물을 뚝뚝 흘렸다.

“벌써 가야 돼요? 이제 디즈니랜드는 다시 못 오겠죠?”

소피아는 고개를 푹 숙인 채 흐느꼈다. 그 자리에 주저앉아 울고만 싶었다.

“여기에 더 있고 싶어요. 떠나기 싫어요.”

나 역시 소피아가 원하는 곳으로 다시 돌아가고 싶었다. 소피아가 그토록 커다란 행복을 느낀 곳을 떠난다는 게 너무도 힘겨웠다. 소피아의 말대로 이제 다시는 이곳에 못 올 것이란 생각이 들었다. 무거운 마음과 걸음을 옮겨 택시를 타고 공항으로 향했다. 소피아는 뒷좌석에서 돌아앉아 저만치 멀어져가는 디즈니랜드를 바라보았다.

디즈니랜드가 시야에서 사라지고 시간이 조금 흐르자, 소피아는 사라와 장난을 치며 다시 웃어 보였다. 비행기를 타러 간다는 게 기뻤던 것이다. 어쩌면 우리 가족이 마지막으로 함께 타보게 될 비행기를. 이번 여행이 소피아의 삶에서 가장 기억에 남는 것이었을까?

우리는 집으로 돌아갈 비행기에 올랐고, 소피아는 내 옆자리에 앉았다. 아이는 열심히 창밖을 바라보았다. 구름과 도시가 펼쳐져 있었다. 소피아는 비행기가 구름 위를 날고 있다는 게 신기한 모양이었다.

조금 있으면 뮌헨에 도착할 것이었다. 공항에선 할아버지와 할머니가 기다리고 있었다. 집으로 향하는 자동차에 오르자마자, 소피아와 사라는 할아버지 할머니께 이야기보따리를 풀어놓았다. 둘이서 어찌나 요란스레 설명을 하는지, 장인어른과 장모님은 정신이 쏙 빠질 지경이었다.

드디어 집에 도착했다. 그때까지 수다 떨기에 바빴던 소피아와 사라는 어느새 침대에 파고들어 금방 잠이 들었다.

아내와 나 그리고 장인어른과 장모님은 거실에 앉아 이런저런 이야기를 나누었다. 우리 가족이 파리에서 즐거운 한때를 보내고 무사히 돌아왔다는 게 실감이 나지 않았다.

여행에서 찍은 동영상을 보았다. 소피아가 산타 할아버지와 함께 썰매를 타고 있는 모습을 보고 난 뒤에야 비로소 여행을 다녀왔다는 게 실감났다. 동영상 속의 소피아는 세상에서 제일 행복한 꼬맹이였다. 우리는 기적이 일어나길 바랐다.

마리온이 집에 와서 여행 이야기를 궁금해하자, 소피아는 또 한 번 아주 자세하게 들려주었다. 마리온과 소피아는 꽤 친해졌다. 우리 역시 마리온에게 친근감을 느꼈다. 한 가족이 된 듯했다. 한편으로 마리온에게 미안한 마음이 큰 것도 사실이었다.

마리온도 결혼을 해서 아이가 셋이나 있었는데도, 우리 집에서 오랜 시간을 보내며 소피아를 극진히 돌봐주었다. 그녀의 정성 어린 간호는 그 무엇으로도 갚지 못할 것이었다.

여행에서 돌아온 지 며칠이 지났을 때 소피아가 열이 많이 났다. 아침에 히크만카테터를 씻어주고 혈액 검사를 하고 갔던 마리온은 저녁에 다시 부리나케 달려와 주사를 놓아주었다. 그런 일이 종종 있었는데도 마리온은 싫은 내색은커녕 진심으로 소피아를 염려하고 용기를 주면서 더 좋은 친구가 되어주었다.

그녀에게도 소피아는 특별한 존재가 된 듯했다. 마리온은 소피아랑 장난도 많이 쳤고, 그 아이에게 많은 것을 가르쳐주었다.

그때 기관에서 또 전화가 왔다. 자바부르크에서 소피아가 공주처럼 주말을 보낼 수 있는 기회가 주어졌다는 것이었다. 성 옆에는 동물원도 있다고 했다. 소피아에게 얼른 이 소식을 전해 줬더니 눈이 휘둥그레져선 초롱초롱 빛이 났다.

소피아는 다시 새로운 여행에 대한 기대로 부풀어 있었다. 성에서 공주처럼 주말을 보낼 수 있다는 건 모든 여자아이들이 꿈꾸는 기회일 것이다. 주말이 되려면 아직 며칠 기다려야 했다. 소피아의 상태가 좋아서 미국 디즈니랜드 성의 모델이기도 한 노이슈반슈타인 성과 동물원에 다녀오기도 했다. 소피아의 세계는 공주와 성 그리고 동물로 가득 차 있었다.

자바부르크에 가기로 했던 날 아침부터 문제가 생겼다. 소피아가 수혈을 받아야 해서 근처 병원으로 갔다. 마침 그 병원에 형네 큰딸이 입원해 있었으므로 병원에선 소피아가 같은 병실을 쓸 수 있도록 허락해 주었다.

"너무 걱정하지 마세요. 수혈을 받으면 곧 괜찮아질 겁니다."

의사의 말에 우리는 조금 있으면 병원 문을 나설 수 있을 거라 생각했다. 그러나 오전이 지나도록 떠나지 못하고 있었다. 자바부르크까지는 꽤 먼 거리를 운전해야 하니 아내는 나더러 집에 가서 좀 쉬다가 나오라고 했다. 소피아는 사촌언니와 노느라 정신이 없었다.

집에 돌아와 침대에 누웠지만 마음이 편하지가 않았다. 소피아가 눈앞에 보이지 않으니 불안해서 잠을 청할 수가 없었다. 그러다가 설핏 잠이 들었나 싶었는데 전화벨 소리에 눈을 번쩍 떴다. 그러나 전화는 더 이상 울리지 않았다. 소피아는 아직도 수혈을 못 받고 있는 걸까?

나는 다시 병원으로 향했다. 형의 둘째 딸과 셋째 딸도 와 있었다. 셋째 딸 스벤야는 소피아랑 동갑이었는데, 성격도 비슷해서 아주 친한 사이였다. 병실에 들어서니 둘은 죽이 맞아 신나게 놀고 있었다. 그 모습을 보니 마음이 그나마 놓였다. 얼마 뒤에 수혈을 받게 됐는데, 경험 부족이라 그런지 혈액을 주입기계에 올려놓는 것조차 왠지 서툴러 보였다. 뒤늦게야 뮌헨 병원으로 가지 않은 게 후회스러웠지만, 이미 날은 어두워져 있었다.

나는 자바부르크에 전화를 해서 소피아의 몸 상태 때문에 밤 10시가 좀 지나서야 도착할 수 있겠다고 알려주었다. 소피아는 천천히 수혈을 받고 있었다. 스벤야는 집으로 돌아갔고, 우리는 병원에서 대충 저녁을 때웠다.

나는 당장이라도 소피아를 안고서 목적지로 출발하고 싶었다. 오늘이 지나기 전에 도착해야 성에서 이틀이나마 보낼 수 있을 것이었다. 그렇지만 수혈이 그리 빨리 끝날 것 같지는 않았다. 다행히 수혈을 받는 동안 소피아의 얼굴색이 좋아지고 있었다. 새로운 힘을 얻은 듯했다.

오후 6시 반쯤에 수혈이 끝나 우리는 서둘러 집으로 돌아와 가방을 싣고 사라를 데리러 갔다. 사라는 할머니 댁에서 목이 빠져라 우리를 기다리고 있었다.

“이제 성으로 출발!”

길이 막히지 않아 생각보다 빨리 도착할 수 있을 것 같았다. 소피아와 사라는 뒷좌석에서 곤히 잠들어 있었다. 10시쯤에 드디어 목적지를 눈앞에 두고 있었는데 어두워서 길을 제대로 찾을 수가 없었다.

30분쯤 한참을 헤매다가 결국 경찰서 앞에 차를 세웠다. 친절한 경찰관이 목적지를 설명해 줬고, 성을 거의 다 찾았을 때쯤 마지막에 길을 잘못 드는 바람에 다시 헤매는 상황이 되었다. 어둠 속을 아무리 달려봐도 성은 나오지 않았고, 깜깜한 숲만 끝없이 나타났다.

한참을 헤매다가 안내 표지판을 발견하고서 길을 제대로 찾았다. 시간은 벌써 11시에 접어들고 있었다. 오늘 하루는 자바부르크에 오려고 하루 종일 종종걸음을 친 듯한 기분이 들었다. 그러니 무척 피곤할 수밖에. 녹초가 되어버린 우리는 안내받은 방으로 들어서자마자 뻗어버렸다.

그 방에서 특히 눈에 띄었던 건 옛날 공주들이 썼을 법한 침대였다. 소피아는 제 침대인 것처럼 유유히 걸어가더니 벌러덩 누웠다. 침대가 어찌나 큰지 소피아가 안 보일 정도였다. 사라는 그 옆에 있는 어린이 침대에 누웠다.

"난 이제 진짜 공주가 됐어요, 공주가… 공… 주…."

소피아는 공주가 됐다는 말을 계속하다가 곧 잠이 들었다. 아내도 일찍 잠이 들었고, 나는 우리 사이에서 새근새근 자고 있는 소피아를 바라보았다.

'소피아, 곁에서 이토록 예쁘게 자고 있는 우리 소피아, 시간이 지나면 어떻게 되는 걸까? 내년 이맘때엔 네 무덤을 바라보고 있을까?'

나는 적막감이 찾아들 때마다 죽음을 생각했다. 의사들이 소피아에게 남은 시간으로 예정한 한 달, 그 짧디짧은 한 달이 지나 있었다. 사랑은 그 무엇보다도 강하다고 하지 않는가? 그런 사랑이 기적을 일으키지 않을까?

의사들은 소피아에게 남은 시간이 한 달 혹은 두 달이라고 했다. 그런데 벌써 한 달이 지났다. 한 달이 더 지났을 때도 소피아가 살아 있다면 의사들의 판단은 틀린 것이다. 소피아는 기적처럼 계속 살 수 있을 것이다. 이런 생각들로 도저히 잠이 오지 않았다. 창밖을 보니 창문 앞에 달린 듯 커다란 보름달이 떠 있었다. 밝은 달빛이 소피아의 얼굴을 환히 비추고 있었다. 너무 예쁘고 사랑스러운 나의 아기 천사, 사랑하는 딸 소피아. 소피아를 바라보고 바라보다가 나도 어느새 잠이 들었다.

다음 날 아침, 일찍 울어대는 자명종처럼 소피아가 벌떡 일어나 있었다. 그런데 소피아의 눈이 빨갛게 충혈돼 있었다. 수혈을 너무 많이 받은 걸까? 병원에 다시 가야 하나? 그렇지만 소피아는 기분이 좋아 보였다. 그래서 병원은 가지 않기로 했다.

병원에서 얼마나 많은 시간을 보냈던가. 돌이켜보니 우리는 기본적인 의학은 웬만큼 이해할 정도가 돼 있었다. MTX, 아스페르기나세를 아는 사람이 얼마나 될까? 아울러 의학책에서도 찾아볼 수 없는 경험을 많이 했다.

아내는 간호사가 다 되었다. 혼자서 히크만카테터를 씻고 약을 투입시킬 정도였다. 그러니 소피아의 눈이 좀 충혈됐다고 해도 병원에 가야 하는지 말아야 하는지 정도는 판단할 수가 있었다. 소피아에게는 1분 1초가 아까운데, 다시 병원에 가는 것으로 시간을 날려버릴 순 없었다.

아침식사를 하려고 식당을 찾았다. 클래식 음악이 흘렀고, 분위기가 아주 근사했다. 식탁도 예쁘게 장식돼 있었다. 손님들 대부분은 상류층 사람들인 것 같았다.

'우리랑 딱 맞네.'

이런 생각을 하면서 실없이 웃음을 흘렸다. 소피아와 사라가 식탁 앞에서 시끄럽게 장난을 치는 통에 얌전히 있으라고 혼을 내야 했다. 다른 사람들에게 피해를 주고 싶지 않아서였는데, 지금 생각해 보면 가만히 있지 못하고 시끄럽게 구는 게 아이들이 아닌가. 심하게 다그친 것 같은 생각이 들어 후회가 막심하다. 소피아랑 사라는 빨리 아침식사를 끝내고서 돌아다니고 싶어 했다.

"안 돼, 엄마 아빠 옆에 꼭 붙어 있어."

어디를 가든지 소피아는 다치기 쉬웠고, 계단도 많아 위험했다. 그러나 아내는 사라에게 소피아를 부탁하면서 나를 설득했다.

"너무 걱정하지 마. 사라가 소피아를 잘 지켜줄 거야. 둘이 재밌게 보내라고 해."

아내의 말을 듣고 보니 언니와 동생이 함께 다닐 기회가 앞으로 얼마나 있을까 싶었다. 소피아와 사라가 밖에 나가 노는 것을 허락해 주었다. 그런데 얼마 뒤에 조용한 식당 안으로 두 딸이 허겁지겁 달려왔다.

"아빠 엄마, 우리가 어디에 갔다 왔을까요?"

그러고는 소피아와 사라는 서로 마주 보며 킥킥거렸다.

"어딜 다녀왔는데 우리 딸들이 이렇게 즐거워할까?"

그러자 소피아랑 사라는 또 킥킥대더니 입을 모아 외쳤다.

"남자 화장실!"

아내와 나는 당황한 얼굴로 주위를 살폈다. 그러나 두 딸은 주위야 어떻든 아랑곳없이 다시 남자 화장실 쪽으로 향하고 있었다. 옆에 있던 사람들이 그 모습을 보며 웃었다. 당황스럽긴 했지만 웃음 때문에 오히려 식당이 밝아진 것 같았다.

소피아랑 사라는 남자 화장실에서 물비누를 쭉쭉 뽑아내며 놀았다. 아침식사 후에 성 바로 옆에 있는 동물원으로 갔다. 소피아가 걷는 것을 힘들어해서 유모차에 태웠다.

때때로 소피아가 구멍 난 타이어처럼 힘이 빠져 축 처져버리는 모습을 보는 건 정말 고역이었다. 그래서 애써 고개를 돌려버린 적도 있었다. 그렇지만 그런 중에도 밝은 미소를 잃지 않는 소피아는 정말이지 아빠보다 나았다.

동물원 한편에 나무로 만들어진 타워가 있었다. 소피아는 혼자 올라가려고 했다. 뭐든 스스로 해보려는 소피아였지만, 그때만큼은 내가 들어 올려줘야 했다. 나는 소피아와 함께 타워에 올라가 그 아래 펼쳐진 세상을 바라보았다.

동물들이 평안히 풀을 뜯고 있었다. 그 모습을 아내는 카메라에 담았다. 소피아도 나도 웃지 않고 제법 진지한 표정을 짓고 있었지만 편안해 보였다. 또 다른 사진 속의 소피아와 나는 서로를 바라보며 그 순간의 평화와 고요를 즐기는 듯했다. 아내가 우리 모습을 기가 막히게 잘 담아냈다.

동물원은 생각보다 넓었고, 곳곳을 돌아다니다 보니 어느새 피로가 밀려왔다. 소피아도 다시 좀 걷는가 싶더니, 아까부터는 유모차에 앉아 몇 번이나 잠이 들었다 깨었다를 반복했다. 양옆으로 나무가 늘어서 있는 오솔길로 접어들었다. 성으로 돌아가자는 소피아를 안아 올려선 오래된 나무 앞으로 다가가 손을 나무에 올리고는 물었다.

"소피아, 나무 한번 만져볼래? 나무에서 나오는 힘을 느낄 수 있어? 이 나무는 아주 오래돼서 많은 이야기를 들려주고 싶을 거야. 그런데 말을 할 수가 없어. 대신에 손을 올려놓으면 나무의 소리를 느낄 수 있을 거야."

소피아는 작은 손으로 나무를 쓰다듬었다. 그러나가 나무에 난 구멍을 발견했다.

"아빠, 보세요, 나무가 다쳤어요. 내가 쓰다듬어주면 다 낫겠죠?"

말 못하는 나무가 다쳤다며 낫게 해주고 싶어 하던 착한 딸 소피아….

곧 저녁식사 시간이 되어 특별히 신데렐라 스타일로 장식된 식탁 앞에 앉았다. 식탁 위에는 동화 속에 등장하는 인물들이 놓여 있었다. 비둘기도 있었고 아주 귀한 접시도 놓여 있었다. 소피아랑 사라는 그 식당을 무척 마음에 들어 했다.

그런데 아내와 나는 불편한 기분이 들었다. 있어야 할 자리가 아닌 것 같은 느낌, 고급스러운 분위기가 우리에게는 맞지 않는 듯했다. 모두 부유한 사람들인 것 같았다. 그곳 분위기에 어색해하고 낯설어하는 사이에 특별 요리가 나왔다. 애피타이저를 먹은 뒤에 소피아가 식탁 위로 팔을 올리고 턱을 받치고선 조용히 말했다.

"프렌치프라이 먹고 싶어요."

주변에 있던 사람들이 소피아를 보며 웃었다. 직원도 그 소릴 들었는지 "예, 프렌치프라이, 잘 알겠습니다"라고 말했다.

"케첩도 많이 갖다주세요!"

거기에 덧붙여 소피아가 큰 소리로 부탁했다. 사라도 프렌치프라이를 시키더니 순식간에 다 먹어치우고는 밖으로 나가 놀겠다고 했다. 둘은 손을 꼭 잡고 이곳저곳을 구경하며 돌아다녔다. 그 사이 아내와 나는 천천히 저녁식사를 즐겼다. 물론 둘이서 다니도록 하는 게 불안하기도 했지만, 앉아 있으라고 잡아놓을 수도 없는 노릇이었다. 그쯤 되고 보니 다른 사람들의 시선에 크게 신경 쓰지 않기로 했다. 소피아가 자유롭게 놀 수 있도록 해주고 싶었다.

방으로 돌아와 잠옷으로 갈아입는 중이었다. 소피아는 언니와 함께 침대 위에 있었는데, 갑자기 쿵 소리가 나서 보니 아이가 쓰러졌다. 수혈 받은 지 얼마 안 돼 당황스러웠다. 소피아의 혈소판이 어떤 상태인지 알 수가 없었다. 혈소판 수가 적으면 위험할 수도 있었다.

소피아가 왜 쓰러졌는지 알지 못했다. 그 순간 아내와 나는 같은 생각을 하고 있었다. 이제 시작된 것인가? 우리의 행복은 이렇게 끝나는 것인가? 소피아가 앞으로 어떻게 되리란 건 알고 있었지만, 그 과정에서 겪게 될 일들은 의사들도 말해 주지 않았다.

'소피아가 못 깨어나는 건 아닐까? 아니야, 절대 아니야, 안 돼! 피곤해서 쓰러진 걸 수도 있어.'

나는 괜찮다고 스스로를 진정시키고 있었다. 소피아가 눈을 떴다.

'감사합니다!'

아내는 히크만카테터를 씻을 준비를 했고, 나는 옆에서 아내를 도왔다.

저녁에 잠시 힘겨운 고비를 넘긴 우리는 침대에 맥없이 쓰러졌다. 그때 사라가 베개를 가지고 침대로 올라왔다. 그날 우리 가족은 한 침대에서 잠이 들었다.

다음 날 아침에 소피아는 또 동물원에 가자고 했다. 아직 구경 못한 게 있다고 했다. 오후엔 성의 주인이 특별히 성을 안내해 주었다. 성에 얽힌 역사를 비롯한 여러 가지 이야기도 들으면서 많은 것을 배웠다.

처음에 소피아는 성을 구경하는 게 무척 기대된다고 했지만 다니는 내내 내 품에서 깊이 잠이 들었다. 나는 불길한 생각을 하지 않으려고 노력했다.

'그래, 소피아는 피곤해서 자는 것뿐이야. 새로운 것을 많이 보고 많은 사람들과 동물들을 만나고 하루 종일 뛰놀았으니 당연히 피곤하지.'

나는 열심히 스스로를 납득시키려고 노력했다.

주인은 지하의 방과 시설까지도 보여줬다. 소피아가 무거워서 아이를 왼쪽, 오른쪽으로 옮겨 안았는데, 그러는 동안에도 소피아는 한 번도 깨지 않았다. 구경을 다 마쳤을 때에야 크게 하품을 하면서 일어난 소피아는 왜 자신을 안 깨웠느냐고 화를 내고는 잠시 토라지기도 했다.

"오후에 소피아를 위한 또 다른 행사가 있을 거야. 그게 더 재밌을걸?"

이렇게 소피아를 달래주긴 했지만, 다음 행사가 어떤 건지는 나도 전혀 모르고 있었다.

"이번에 뭔데요? 어떤 행사예요? 아빠, 얘기해 줘요. 아빤 알고 있죠?"

계속되는 물음에 식은땀을 흘리고 있는데, 주인이 우리를 큰 방으로 안내해 주었다. 고급스러운 소파에 벽난로가 있는 방이었다. 옛날 돈 많은 귀족들이 이곳에 모여 담배를 피우고 술을 마시면서 이야기를 나눴을 것이다. 소피아랑 사라는 가만히 있지 못하고서 이리저리 다니며 살펴보았다.

그때였다. 잠자는 숲 속의 공주와 왕자가 들어오는 게 아닌가. 주인이 소피아를 위해 특별히 준비한 이벤트였다. 왕자는 소피아에게 다가와 빨간 장미를 건네주었다. 소피아는 부끄러워 얼굴이 빨개져선 작은 두 손으로 장미를 받았다. 그 순간 '소피아가 크면 남자들에게 얼마나 인기가 많을까' 하고 생각했다.

소피아는 공주랑 왕자와 함께 사진을 찍었다. 우리가 있던 방은 몇 백 년 전에 귀족들이 행사를 가졌던 곳이라고 했다. 햇살을 적절히 잘 받아 사진이 아주 멋들어지게 나왔다. 내가 좋아하는 사진 중 하나는 소피아가 진지한 표정으로 뭔가를 바라보는 옆모습이다. 소피아는 진지하게 장미를 바라보고 있었다. 그 어떤 화가라도 이 사진만큼 아름다운 모습을 그리지는 못할 것이었다. 정말 아름다운 사진이었다.

저녁식사 때가 다 되었지만 소피아와 사라에게는 밥보다 노는 게 더 중요했다. 식사를 끝낸 뒤에는 방으로 올라와 잠옷으로 갈아입고 침대에 누웠다. 그렇지만 도무지 잠이 오질 않았다. 그래서 다시 옷을 갈아입고는 라운지로 나가 담배를 한 대 피웠다.

직원이 와서 주문을 받기에 와인 한 잔을 부탁했다. 클래식이 나직이 흐르는 방에서 벽난로를 바라보고 있었다. 클래식을 썩 좋아하는 건 아니었지만 그때만큼은 음악을 들으면서 마음이 편안해졌다. 시계를 보니 새벽 1시가 지나고 있었다. 집으로 돌아가야 할 시간이 다가오고 있었다.

'집에 가면 이제 어떻게 되는 걸까?'

우리 가족은 이번에도 행복한 시간을 보냈다. 이 여행이 분명 마지막은 아닐 것이라고 생각했다.

집으로 떠날 채비를 하는 동안 성의 주인이 우리에게 늦게 왔으니 하루만 더 있다가 가는 게 어떻겠느냐고 제안했다. 그 배려가 고마웠고 물론 그러고 싶었지만, 소피아가 혈액 검사를 받아야 했으므로 정중하게 거절할 수밖에 없었다. 주인은 아쉬워하면서 소피아와 사라에게 동화책을 선물로 주었다. 두 딸에게 커다란 즐거움을 선사해 준 그곳 사람들에게 지금도 고개 숙여 감사드린다.

나는 그동안 찍은 사진들을 볼프강과 비르깃에게 이메일로 보내주었다. 멤민겐 병원에 근무하던 간호사는 약속한 대로 소피아에게 말을 보여주었고, 그날 두 딸은 말을 타며 즐거운 시간을 보냈다. 두 딸이 말을 타고 있는 모습은 한 폭의 그림 같았다.

하루는 한 여성에게서 전화가 걸려왔는데, 12월 6일에 있을 서커스 티켓을 선물로 보내주고 싶다고 했다. 소피아를 위해 뭔가를 해주고 싶은데 그것밖에 달리 방법을 모르겠다면서 부디 받아줄 것을 부탁했다. 얼굴도 모르는 사람이 소피아를 위해 선물을 해준다니, 진심 어린 손길에 감사한 마음뿐이었다.

옛날에 극장의 물품보관소에서 일을 한 적이 있던 아내에게 〈깡통에서 나온 콘라드〉란 어린이 연극의 티켓이 공짜로 생겼다. 인공으로 만든 아이 콘라드의 이야기로, 아이가 공장 실수로 한 여자에게 배달되면서 연극이 시작된다. 주인공인 여자는 어려운 상황 속에서 만난 콘라드와 친구가 되고, 콘라드를 다시 공장에 보내지 않으려 한다는 줄거리였다. 아이들이 무척 좋아하는 연극이었다. 다행히 소피아의 몸 상태가 좋아 11월 24일에 이 연극을 보러 갔다.

소피아는 내 옆에 앉아 두 눈을 반짝이면서 열심히 연극을 보았다. 그것도 장장 세 시간이나 꼼짝도 않고서. 아이들이 세 시간 동안 가만히 앉아 있기란 정말 어려운 일이었고, 소피아는 더더욱 그랬다.

그런데 그날만큼은 끝까지 얌전하게 앉아서 연극에 흠뻑 취해 있었다. 중간에 쉬는 시간이 있었는데도 꼼짝 않고서 다시 연극이 시작되기만을 기다리고 있을 정도였다. 그리고 연극이 끝났을 땐 그 작은 손으로 열심히 박수를 보내주었다.

나는 소피아가 그렇게 박수 치는 걸 처음 봤다. 마침 연극의 여주인공이 나와 친분이 있는 사람이라 그녀가 소피아를 향해 손을 흔들어줬다. 소피아는 선물을 받은 것처럼 뛸 듯이 기뻐했다. 또 하나의 추억이 생긴 날이었다.

그 다음 날에는 시골 나들이를 갔다. 소피아는 유모차에 앉아 있다가도 흥미로운 것을 발견하면 벌떡벌떡 일어나곤 했다. 농부의 집에 4주 된 강아지들이 있었다.

"아저씨, 만져봐도 돼요?"

농부가 허락하자 소피아는 강아지를 품에 안고서 조심스럽게 쓰다듬어주었다. 강아지들을 어미처럼 사랑스러운 눈길로 바라보며 예뻐해 주었다.

드넓은 밭이 내려다보이는 벤치에 앉아 손을 잡고 그 풍경을 감상 중인 두 딸의 모습을 사진에 담았다. 두 딸은 밭을 바라보고 있었고, 나는 그들의 등을 바라보고 있었다. 자매는 무척 다정해 보였다. 지금도 이 사진을 보면 두 딸이 서로를 얼마나 사랑했는지 느낄 수 있다.

이틀 후에 모르는 남성에게서 전화가 걸려왔다. 이름이 리터라는 그는 소피아를 위해 뭔가 꼭 해주고 싶으니 원하는 걸 말해 달라고 했다. 그래서 나는 소피아가 말 타는 걸 좋아한다고 했다.

몇 시간 뒤에 집 앞에 검은 벤츠가 서더니, 잘생긴 남자가 봉투 두 개를 들고 내려서는 초인종을 눌렀다. 리터 씨였다. 그는 소피아와 사라에게 선물을 건네주면서, 둘의 선물이니 꼭 둘이서 함께 놀아야 한다고 했다.

그동안 사라는 동생을 위해 많은 것을 참았다. 모든 사람이 소피아에게만 관심을 기울이는 것 같아 때로는 많이 서운하기도 했을 것이다. 언니이기에 항상 소피아를 걱정하고 챙겼지만, 아직 어린 아이인데 얼마나 힘들었을까 싶기도 했다. 나는 소피아와 사라를 항상 똑같이 대해 준다고 했지만, 소피아가 아픈 뒤로 사라에게 제대로 신경을 쓰지 못한 것 또한 사실이었다. 알게 모르게 오직 소피아만 걱정했던 것이다. 그러나 리터 씨는 소피아는 물론이고 사라까지 생각해 주었다.

리터 씨가 우리를 위해 너무 많은 돈을 쓴 것 같아 미안했다.

"걱정 마세요. 경제적으로도 여유가 있으니까요. 소피아가 편안하게 잘 지내길 바랍니다."

소피아와 사라가 승마를 할 수 있는 준비가 되었다. 일요일에 근처에 있는 말 농장에서 소피아가 흰 말을 타게 될 것이라고 리터 씨가 말했다. 너무도 감사한 마음에 내가 제일 좋아하는 소피아 사진을 선물로 드렸다. 장미를 바라보고 있는 소피아의 옆모습이 담긴 사진 말이다.

그 사진을 받고 리터 씨는 무척 좋아했다.

"이번 주말에 바티칸에 가는데 소피아 사진을 꼭 들고 가겠습니다. 혹시 알아요? 제 기도가 통해서 소피아가 건강해질지 말입니다."

우리는 믿음이 없었다. 정말 하느님께서 계신다면 어떻게 이토록 끔찍한 고통을 줄 수 있을까 하는 생각만 할 뿐이었다. 그와 달리 리터 씨는 믿음이 강했고, 정말 존경스러운 사람이었다.

일요일에 말 농장에 갔다. 그곳엔 리터 씨가 준비해 둔 소피아와 사라의 말이 나란히 서 있었다. 두 딸은 두 시간 동안이나 신나게 말을 탔다. 날씨가 맑아 다행이었다. 소피아는 선글라스를 쓰고서 승마선수처럼 폼을 잡았다.

리터 씨가 로마에서 전화를 걸었다.

"소피아 생각이 나서요. 소피아는 항상 제 맘속에 있습니다."

이 말을 듣고 나는 큰 감동을 받았다. 전혀 모르는 사람이 딸을 위해 많은 것을 주고 싶어 하고 항상 생각하고 기도해 준다는 사실이 그저 감사할 따름이었다. 세상에는 따뜻하고 좋은 사람이 많다는 것을 리터 씨를 통해 새삼 깨달았다.

내 휴가가 끝이 나고 있었다. 그래서 정말 어쩔 수 없이 거짓말을 하기로 했다. 12월 초쯤 의사에게 부탁해 내가 아프다는 증명서를 받아낼 계획이었다. 소피아 곁을 한시라도 떠나고 싶지가 않았다. 다른 방법이 없었다.

사람들에게 사치품이 뭘까 하고 물어보면 돈이나 물건만을 생각한다. 그런데 진정한 사치품은 바로 시간이다. 아이가 하루하루 자라는 모습을 놓치지 않고 지켜보며 감격하는 부모가 얼마나 될까? 그보다는 아이들의 미래를 위해 직장과 돈벌이가 중요하다고 생각하는 사람도 많을 것이다. 그래서 아이들에게 놀아줄 시간이 없다는 말을 자주 하지 않는가. 이건 정말 큰 잘못이다. 아이들에게 그 무엇보다도 중요한 것은 부모가 지금 이 순간에 함께해 주는 일이다.

돈 때문에 아이들을 소홀히 대한다면 결국 많은 것을 잃어버릴지도 모른다. 아울러 그렇게 잃어버린 것은 다시 되돌릴 수도, 살 수도 없다. 나는 그 무엇으로도 살 수 없고, 그 무엇보다도 가치가 있는 소피아를 두고 일을 하러 갈 수가 없었다. 직장에서 해고를 당하는 한이 있더라도 말이다. 그때 우리를 도와줄 사람들이 나타났다.

우리 회사 단골손님인 크리불트 씨가 집까지 찾아와 자신이 도와줄 일이 없느냐고 물었다. 그때는 아무 말도 할 수가 없었다. 소피아가 팔에 통증을 느끼고 머리까지 아파해서 진통제를 먹이는 등 경황이 없었다. 크리불트 씨는 어깨를 몇 번 다독여 주더니 다시 연락을 하겠다며 집을 나섰다. 그러고는 며칠 뒤에 전화가 왔는데, 동료들이 나를 대신해 일을 해주기로 했다는 것이었다.

그래서 나는 휴가를 20일 더 받았다. 그는 어쩌면 더 많은 휴가를 받을지도 모르겠다고 했다. 고통 때문에 눈물을 쏟아내기도 했지만 진심 어린 배려에 감동하여 흘린 눈물도 많았다.

동료들이 나를 위해 자신들의 휴가를 반납하고 대신 일을 해주겠다니, 회사에서 해고당할 각오까지 하고 있던 차에 그 소식은 나를 하염없이 눈물짓게 만들었다. 크리불트 씨에게 이런 고마움을 낱낱이 알려주고 싶었지만 목이 메어 "감사합니다, 정말 감사합니다"라는 말밖에 할 수가 없었다. 전화통을 붙잡고 울고 있는 나를 보며 놀란 아내가 무슨 일이냐고 물었다. 감사하기 그지없는 이 소식을 듣고서 아내도 함께 눈물을 흘렸다.

소피아의 상태가 심각해져 또 항생제 치료를 받아야 했다. 오전과 오후, 하루에 두 번 링거를 맞았다. 링거를 맞으면서 소피아는 디즈니 만화를 보고 또 보았다. 이제는 만화 속 대사를 모조리 외우고 있었다.

너무 집에만 있어 따분해질 것 같으면 장인어른 댁에 놀러 갔다. 그러던 어느 날, 집으로 돌아왔을 때 편지가 와 있어 열어보니 서커스 티켓이 들어 있었다.

나중에 리터 씨에게서 들었는데, 그때 전화를 걸어 티켓을 주겠다던 한 여성 분이 우리 집에 오는 길에 자동차가 고장이 났다고 한다. 근처에 있는 수리회사에서 우연히 리터 씨를 만나 이야기를 나누다 보니 소피아를 알고 있었던 것이다. 리터 씨는 소피아 덕분에 좋은 사람들을 많이 만나는 것 같다며 즐거워했다.

소피아가 좀 괜찮아질 때면 제리를 데리고 산책을 했다. 그런데 소피아는 날이 갈수록 걷기가 힘들어졌다. 항생제 치료 때문인 것 같았다. 소피아는 갈수록 약해지고 있었다.

드디어 서커스를 보러 가는 날이 되었다. 소피아는 동물들을 만날 수 있다는 생각에 잔뜩 들떠 있었다. 항생제 치료가 끝났고 소피아도 좀 좋아진 듯했다. 우리는 오랜만에 뮌헨으로 갔다. 모두 다 기분이 좋았다. 뮌헨으로 오기 전에 수혈을 받아서인지, 소피아도 한결 밝아 보였다. 소피아의 금발은 1센티미터쯤 자랐다. 약 치료 때문에 소피아는 배가 볼록 나와 있었다. 그래도 항상 긍정적으로 생각하기로 마음먹었다.

'배가 좀 나오면 어때? 괜찮아, 괜찮아. 배는 다시 들어갈 거야.'

서커스가 시작되었는데 처음엔 별 재미가 없었다. 우스꽝스럽게 분장한 사람들이 많이 나오긴 했지만 소피아는 동물을 보고 싶어 했다. 조용히 팝콘만 먹던 소피아가 지루해하며 물었다.

"아빠, 동물들은 언제 나와요? 저 사람들은 정말 재미없어요. 소피아는 사자가 보고 싶어요. 사자는 언제 나와요?"

소피아의 소리가 점점 커져갔다. 그러자 앞에 있던 여성 분이 뒤돌아보며 소피아를 달래주었다.

"조금만 기다려보렴. 이제 사자가 금방 나올 거야."

그렇지만 소피아는 계속 짜증을 냈다. 쉬는 시간이 지난 다음엔 호랑이 쇼가 있었다. 사자들은 나오지 않았지만 소피아는 호랑이를 보면서 기분이 풀렸다. 호랑이 쇼 다음엔 강아지들이 나와 재롱을 부렸다. 소피아는 눈을 동그랗게 뜨고서 그 모습을 신기하게 바라보았다.

서커스가 끝나고 밖으로 나오니 벌써 어두워져 있었다. 소피아는 서커스에서 본 동물 얘기를 하느라 정신이 없었다. 그러다가 조용해져서 돌아보니 곤히 잠들어 있었다. 소피아에게 보람찼던 하루가 그렇게 지나고 있었다.

아내의 옛날 직장 사장이 전화를 걸어와 소피아의 안부를 물었다. 아내는 그와 이야기를 나누다가, 나의 동료들이 휴가를 반납하고 대신 일을 해주기로 했다는 소식을 알려주었다. 그러자 사장은 크게 감동하면서 그런 일은 신문에 내야 한다고 이야기 했다.

"신문엔 늘 나쁜 소식만 가득하잖아요. 이렇게 좋은 일도 실어야 한다고요."

그는 우리가 허락하면 신문사에 있는 친구에게 연락하겠다고 했다. 신문을 통해 동료들에게 감사의 말을 전할 수 있을 것 같아 그렇게 하기로 했다.

곧 기자가 우리 집에 와서 인터뷰를 했다. 무릎에 앉아 있던 소피아는 한시도 가만히 있지를 않았다. 그런 소피아를 보고 기자는 좀 놀란 것 같았다. 머리카락만 좀 길었으면 여느 아이들과 다를 게 없어 보였기 때문이다.

"소피아, 정말 훌륭하구나. 아픈데도 이렇게 씩씩하게 생활하고 있다니, 정말 대단하다."

기자는 우리를 만나기 전에 초상집 분위기가 아닐까 생각했는데, 그와는 전혀 다르게 밝은 우리 모습을 보고 감탄을 금치 못하겠다고 했다.

"우린 결코 포기하지 않습니다."

나도 모르게 자신감에 가득 찬 목소리가 흘러나왔다.

기자는 우리 가족의 사진을 찍었고, 소피아와 제리가 함께 한 사진도 찍었다. 그리고 기사를 신문에 내기 전에 이메일로 미리 보내주겠다고 했다. 그날 오후에 메일을 받아볼 수 있었는데, 기대했던 것 이상으로 기사가 잘 나왔다.

그런데 기사에 이름이 나온 게 마음에 걸려 기자에게 전화를 걸어서 이름을 빼달라고 했다. 서커스에 다녀오고 일주일 뒤

드디어 신문에 기사가 났다. 그리고 이것은 우리가 매스컴을 타는 도화선이 되기도 했다.

아침 6시부터 전화에 불이 나기 시작했다. 졸린 눈을 비비며 전화를 받았더니, 어떤 여자가 성경 말씀대로 살고 하느님을 믿어야 소피아가 구원을 받는다는 사이비 같은 소리를 해댔다. 화가 나서 전화를 끊어버렸다.

세상에 이럴 수가. 아침 벽두부터 얼굴조차 모르는 사람들에게서 충고를 들어야 하다니. 아내도 잠이 깼다. 우리는 자동응답기를 설정했고, 인사말도 지워버렸다. 모닝커피를 마시는 동안 전화가 11통이나 왔다. 그 소리에 소피아와 사라도 깼다.

더는 집에 있을 수가 없어 장인어른 댁에 놀러가버렸다. 오전 내내 그곳에서 지내다가 집에 돌아왔더니 전화벨이 울려대고 있었다. 그날 하루에만 무려 250통이 왔다. 정말 보통 일이 아니었다.

한번은 뮌헨에 있는 신문사의 기자라며, 소피아 얘기를 신문에 내고 싶다고 전화가 왔다. 그 신문이 어떤 건지도 정확히 몰랐고, 아내도 집에 없어 물어볼 수도 없었다.

그런데 그 기자의 언변이 뛰어나 이런저런 이야기로 나를 설득하고 있었다. 소피아의 이야기를 듣고 가슴이 너무 아팠다, 나도 소피아만 한 어린 딸이 있어 그 마음을 조금은 알 것 같다는 식으로 안타까움을 표했다.

결국 나는 그 사람의 말을 믿고서 소피아의 기사를 내도록 허락해 줬다. 대신에 아주 작게 내달라고 당부했다.

"걱정하지 마세요. 원하시는 대로 해드릴게요. 인쇄하기 전에 보내드리겠습니다. 사진도 직접 골라 보내주시겠어요?"

뭐든 우리 입장에서 생각해 주는 그는 정말 친절한 사람 같았다.

아내가 집으로 돌아왔을 때 그 신문사 얘기를 해줬더니 화들짝 놀랐다.

"뭐라고? 그 신문사가 어떤 곳인지 몰라서 그래? 유명인들 이야기를 가지고 이러쿵저러쿵 얼마나 부풀리는데!"

그러나 때는 이미 늦었다. 나는 사진까지 벌써 보내버렸다.

'이젠 어떻게 되는 거지?'

갑자기 걱정이 밀려오기 시작했다. 맙소사, 그러고 보니 기자에게 회사 이야기도 다 해버렸다.

'설마 회사까지 시끄러워지는 건 아니겠지?'

그러나 우려는 현실로 드러났다. 많은 사람들이 회사에 전화를 해왔다. 정말 죄송하고 부끄러워 쥐구멍에라도 들어가고픈 심정이었다. 사장님과 동료들에게 감사의 표시를 한다는 게 오히려 피해만 주는 결과가 되었다. 그래도 동료들은 괜찮다며 걱정하지 말라고 위로해 주었다.

"조금 있으면 다시 조용해지겠지."

우리는 밤에 전화선을 뽑아놓았다. 안 그러면 밤새도록 전화벨이 울릴 테니까 말이다. 다음 날 아침에 아내는 일찍 일어나 빵을 사러 나갔고, 나는 커피를 끓이고 있었다. 그 사이에 소피아와 사라도 일어나 눈을 부비면서 주방으로 나왔다.

아내가 돌아오더니 무서운 표정을 지으며 내 앞에 신문을 던졌다. 거기엔 "하느님, 소피아가 한 번만 더 크리스마스를 보낼 수 있게 해주세요"라는 타이틀과 함께 소피아와 내 사진이 대문짝만 하게 실려 있었다.

나는 그대로 얼어붙고 말았다. 인쇄 전에 기사를 미리 보여주고 허락을 구하겠다던 기자의 말은 전부 거짓이었다. 아내는 화가 나 있었다.

"11페이지를 봐."

얼른 페이지를 찾아 펼쳤더니 온통 소피아 이야기로 도배되어 있었다. 부디 많은 사람들이 이 신문을 읽지 않기만 바랄 뿐이었다.

"어디 그것뿐인 줄 알아? 뮌헨 가 주변에 당신과 소피아 사진으로 도배된 신문이 쫙 깔렸어."

아내에게 너무 미안했고, 기자의 말에 속아 넘어간 스스로가 너무도 한심했다.

우리는 앉아서 신문기사를 천천히 읽어보았다. 그랬더니 조금은 안심이 되었다. 다행히 부풀리거나 거짓된 내용은 없었다. 그래서 아내도 화가 조금씩 누그러졌다. 다만 기자가 몇 줄 추가한 글이 있었다.

"소피아는 어린 나이에도 불구하고 잘 견뎌내고 있습니다. 고통 속에서도 밝은 미소를 잃지 않고서 즐겁게 지내려고 노력하는 소피아가 존경스럽기까지 합니다. 소피아의 이야기는 현실입니다. 그 현실을 씩씩하게 걸어가고 있는 소피아는 정말 놀라운 꼬마 아가씨입니다."

맞는 말이었다. 그제야 많은 사람들이 우리 소피아의 이야기를 알게 되더라도 나쁠 건 없다는 생각이 들었다. 세상에는 병에 걸려 죽는 아이들이 많았고, 엄청난 고통을 견디며 병마와 싸운 그들이 대단하고 존경스럽다는 것은 결코 틀린 말이 아니었다.

전화는 더 많이 왔고, 그 사람들 중에는 진심으로 소피아를 도와주고 싶어 했던 이들도 많았다. 한 자동차 회사에서는 소피아가 자동차 타는 것을 좋아한다는 기사 내용을 읽고는 고급 리무진을 보내 하루 동안 맘껏 탈 수 있도록 해주었다.

어떤 사람은 집에 와서 마술 쇼를 보여주기도 했다. 또 수색 및 구조견 훈련소에서 동물을 좋아하는 소피아에게 개들이 훈련 받는 모습을 보여주고 싶다며 초청했다.

한편 종교적으로 설교를 늘어놓는 사람들도 여전했고, 어떤 음식을 먹으라는 둥 어떤 걸 조심하라는 둥 하면서 식이요법을 읊어대는 사람들도 많았다. 방송국 관계자에게서도 전화가 왔는데, 그녀는 소피아에 대한 다큐멘터리를 만들고 싶다며 우리 집에서 소피아의 일상생활을 촬영해도 되는지 물어왔다.

"집에서 촬영하는 건 내키지가 않는군요."

"꼭 집이 아니라도 괜찮아요. 원하시는 장소가 있으면 말씀해 주세요. 그리고 소피아가 원하는 게 있으면 저희가 준비하겠습니다."

그녀는 아주 정중하게 부탁했다. 난감해진 내가 소피아에게 직접 물어보는 게 어떻겠느냐고 했더니, 그녀는 당황한 듯 나와 통화하는 편이 좋겠다고 했다. 그렇지만 나는 옆에 있던 소피아에게 수화기를 넘겨주었다. 소피아가 어떤 대답을 할지 궁금했기 때문이다.

그런데 소피아는 아무 말 없이 아주 진지하게 듣고만 있더니 "예, 알겠어요"라는 말만 남기고 내게 다시 수화기를 건네주었다. 그 순간 머릿속을 스쳐가는 생각이 있었다.

"동물원에서 촬영하는 건 어떨까요? 그리고 그뢰네마이어를 만나게 해주실 수 있을까요? 소피아가 제일 좋아하는 가수거든요."

그녀는 알아보고 다시 연락을 주겠다고 했다. 사실 뜻밖의 유명세는 큰 부담이 되기도 했다. 소피아는 자신이 이토록 유명해진 사실을 아는지 모르는지, 여느 때와 다름없이 집에서 편안하게 지내고 있었다.

그렇게 아무 일도 없다는 듯이 자연스레 지내는 소피아를 볼 때마다 정말 대단하다는 생각이 들곤 했다. 소피아에게 텔레비전 방송은 아직 어떻게 될지 모르겠다고 했더니, 그 아이는 별 관심이 없다는 듯 "예, 알았어요"라고 대답하고는 퍼즐 맞추기에 열중했다.

자동차 회사에서 리무진 말고도 타고 싶은 차를 빌려줄 수 있으니 언제든 연락을 달라고 했다. 그래서 새로 나온 벤츠 600SL을 골랐는데, 정말 멋진 차였다. 설레는 마음으로 그 잘생긴 차에 올라타 시동을 걸었다. 차가 부드럽게 움직이기 시작했다. 자동차 앞좌석의 데시 보드는 비행기 계기판 같았다. 자동차엔 GPS도 장착돼 있어 신호가 바뀌길 기다리는 사이에 "30미터 후 우회전하십시오"라는 목소리가 흘러나왔다. 소피아는 그 소리에 놀라서 입이 쩍 벌어졌다.

"우와! 자동차가 말을 해요!"

소피아는 아주 빠른 차를 좋아한다. 그래서 로저가 오펠을 빌릴 수 있게 도와줬다. 은빛 스포츠카였는데 정말 끝내주는 자동차였다. 내가 제법 속도를 내면 아내는 겁을 먹었다.

"여보, 난 내릴래."

그러면 소피아는 신이 나서 방방거렸다.

"더 빨리요, 더 빨리!"

스피드를 엄청 즐기는 소피아는 몸이 안 좋을 때도 자동차를 타고 신나게 달리면 금세 기분이 좋아졌다. 오펠 스포츠카는 엔진이 트렁크 쪽에 있었는데, 소피아는 엔진 소리를 들으며 곧잘 잠이 들곤 했다. 자동차 엔진 소리가 소피아에게는 자장가였던 셈이다.

조금만 속력을 내도 지레 겁을 먹는 아내랑 사라와는 달리 소피아와 나는 스피드를 즐겼기에 둘이서만 드라이브를 할 때도 있었다.

그런데 그럴 때면 항상 사라에게 미안한 마음이 들었다. 아픈 동생을 위해 뭐든 양보하고 혼자서 제 할 일을 묵묵히 해나가는 사라. 그래서 어느 날은 스포츠카를 타고 사라를 데리러 학교에 갔다. 많은 아이들이 자동차를 둥그렇게 둘러싸고는 탄성을 질렀다.

"우와, 진짜 멋지다!"

사라는 처음에 나인지 잘 모르다가 내가 손을 흔드는 걸 보고서야 아이들 사이를 파고들었다.

"애들아, 나 좀 지나갈게. 우리 아빠야."

사라는 위풍당당하게 걸어와선, 내가 문을 열어주자 환하게 웃더니 얼른 차에 올랐다. 아이들의 선망의 눈빛을 뒤로하고 날렵하게 그 자리를 빠져나갔다.

어떻게 보면 유치하기도 한 그날의 깜짝 이벤트로 사라는 무척이나 기뻐했다. 웃음으로 활짝 핀 사라를 보며 나는 흐뭇한 기분이 들었다.

아프리카에 있는 볼프강과 비르깃과는 날마다 이메일로 안부를 주고받았는데, 하루는 그들이 소피아를 위해 나무를 심었다는 뜻 깊은 소식을 전해 주었다. 아울러 메시지를 적어 나무 옆에 묻어뒀으니, 나중에 소피아가 아프리카에 오게 되는 날 찾아서 읽어보라고 했다. 그들도 나처럼 소피아가 다시 건강해질 것이라고 믿었다.

그곳 사람들도 소피아 이야기를 듣고서 건강을 빌어주었다고 한다. 그토록 좋은 친구들이 있으니 그 어떤 부자도 부럽지 않았다. 볼프강과 비르깃, 로저와 코린나, 또 다른 많은 이들 덕분에 우리는 항상 큰 힘과 용기를 얻을 수 있었다.

소피아도 볼프강과 비르깃에게 자신의 모습을 담은 동영상을 보내고 싶어 했다. 곧 소피아랑 사라는 공주 드레스를 입고 예쁘게 화장까지 했다. 그리고 아프리카의 볼프강과 비르깃을 향해 노래를 불렀다. 그리고 마지막에 소피아가 덧붙인 말은 압권이었다.

"모두에게 프렌치프라이가 많이 있길 바랍니다!"

그때 소피아의 모습이 사무치게 그립다.

소피아는 아직 괜찮아 보였다. 하루는 소피아랑 둘이서 산책을 하다가, 아이가 좀 힘들었는지 벤치에 걸터앉았다. 그 순간 나는 이 작은 천사에게 내 모든 죄를 고하고 용서를 받고 싶어졌다. 나는 소피아의 앞으로 가 무릎을 굽히고 앉았다.

"소피아, 아빠가 지금까지 너한테 잘못했던 거 있잖아, 그렇게 한 거 정말 미안해. 소피아에게 소리 지르고 화냈던 것도 다 미안해. 소피아, 아빠를 용서해 줄 수 있니?"

소피아의 대답을 떠올릴 때마다 나는 뜨겁게 목이 메어온다. 그 아이는 말없이 나를 바라만 보다가 내 어깨에 손을 올리곤 천사 같은 미소를 지었다.

"아빠, 당연하지!"

소피아는 내 목을 감싸 안고는 등을 토닥토닥 쳐주었다. 그 순간 모든 죄가 씻겨나가는 듯 평안을 느꼈다. 그때의 숭고한 느낌과 소피아의 따스한 체온은 앞으로도 내 삶을 지탱해 주는 힘이 될 것이다.

또 하루는 내가 소피아를 목말 태우고서 산책을 하고 있었는데, 소피아가 갑자기 몸을 구부려선 내 귀에 소곤소곤 속삭였다.

"만약에 말이에요, 아빠나 엄마나 언니가 아프면요, 내가 데리러 올게요."

그 순간 심장이 내려앉는 것만 같았다.

"누구를 제일 먼저 데리러 올 거야?"

"그것도 몰라요? 당연히 아빠죠!"

가슴이 찢어지는 듯한 그 대화 속에서도 소피아가 아빠를 얼마나 사랑하는지 알게 되어 한편으로 감사한 마음이 일었다. 다른 이들은 결코 이해하지 못할 우리의 이야기들은 지금도 내 귓가를 속삭이며 큰 힘을 준다. 소피아의 목소리, 소피아의 어른스러운 말투…. 하나하나 새록새록 떠오른다.

아프리카 잔치

리스는 아프리카에서 몇 년 동안 살다 온 사람이었는데, 소피아가 아프리카에 가지 못한 기사를 읽고는 안타까운 마음이 들었다고 했다. 그래서 어느 날 그가 슈퍼맨처럼 아프리카를 소피아에게 가져다주겠다면서 커다란 자동차를 타고 나타났다. 아프리카 사람처럼 꾸민 어린이들이 차에서 내리더니 여러 가지 물건을 우리 집 정원으로 나르기 시작했다. 슬라이드, 영사기, 아프리카 이미지가 담긴 천, 북 등.

그날 소피아는 혈액 수치가 많이 떨어져 리스 씨에게 인사조차 제대로 할 수 없을 정도로 상태가 안 좋았다. 그렇지만 리스 씨가 열어준 아프리카 잔치를 보면서 점점 좋아지는 듯했다. 리스 씨는 가져온 아프리카 물건들을 재미나게 설명해 주었다. 게다가 점심시간엔 모두 아프리카 사람들처럼 손으로 밥을 먹었다. 그런 다음 아프리카 풍경이 펼쳐지는 슬라이드 쇼도 감상했다. 생전 처음 보는 사람들이 찾아와 이렇게 커다란 선물을 안겨주면서 오히려 본인들이 더 기뻐한다는 건 참 신비롭고 놀라운 일이다.

저녁에 마리온이 왔을 때 소피아는 수혈을 받으면서 그날 있었던 일들을 자세히 들려주었다. 손짓 발짓까지 해가며 아프리카 잔치 풍경을 설명해 주는 소피아와 적절한 타이밍에 맞장구까지 쳐주는 마리온은 환상의 커플이었다.

뮌헨 병원의 정신과 의사는 마리온을 우리 집에 보내면서 너무 정을 주진 말라고 당부했단다. 소피아가 떠나버리면 그 슬픔으로 많이 힘들어하지 않을까 걱정이 되었던 것이다. 그러나 마리온에게는 통하지 않는 얘기였다. 그녀는 나중에 겪게 될 슬픔은 뒤로 미룬 채 소피아에게 자신이 줄 수 있는 모든 사랑을 전해 주고 있었다.

소피아는 또다시 항암치료를 받아야 했다. 초조한 마음에 꼼짝도 할 수가 없었다. 그러나 마음속엔 우리 딸이 백혈병 따위는 이겨내고 건강해질 것이란 믿음이 있었다. 소피아가 수혈을 받고 나면 한결 좋아져 보이는 것도 건강해지고 있기 때문이라 생각했다.

그러나 소피아에게 주어진 두 달이 거의 지나가고 있었을 때, 마리온이 어렵게 입을 열어 상태가 심각하다고 말했다. 손가락이 자주 부어서 수혈도 자주 받아야 했다. 소피아에게는 병원 아이들이 '닭죽' 이라고 부르는 혈소판이 부족했다.

그래도 나는 소피아가 이겨낼 것이란 믿음을 놓지 않았다. 뮌헨 병원 의사들이 얼마 전부터 소피아에게 모르핀 펌프를 연결해 보는 게 어떻겠느냐고 권했다. 소피아에게 많이 아프냐고 물어볼 때마다 소피아는 괜찮다고 했다.

때때로 통증이 올 때도 진통제를 먹으면 금방 사라졌다. 그래서 나는 의사들의 권유를 자꾸만 미루고 있었다. 소피아에게 모르핀을 주입하는 그 순간부터 삶의 희망이 사라질 것만 같아 두려웠으니까.

소피아는 살기 위해 열심히 싸우고 있었다. 의사들은 마음의 준비를 하라고 했지만, 그러고 싶지 않았다. 그들은 집에서 뛰놀고 있는 소피아의 활기찬 모습을 못 봐서 그러는 것이다. 우리 소피아가 얼마나 강한 아이인가를 모르고 있는 것이었다.

그러던 어느 날, 소피아의 혈색소 수치가 심각하게 낮아졌고, 혈소판 수치도 떨어졌다. 입술을 비롯해 얼굴이 백지장처럼 창백해진다 싶었더니 소피아가 갑자기 피를 토해 내기 시작했다. 소피아는 울면서 핏덩어리를 계속 토해 냈다. 피 냄새가 진동했다.

나는 손을 바르르 떨면서 수화기를 들어 의사에게 전화를 걸었다. 의사는 수혈 준비를 해서 곧장 가겠노라며 서둘러 전화를 끊었다.

나는 침착해지려고 애를 쓰면서 소피아를 다독거렸다.

"괜찮아, 걱정하지 마. 다 괜찮아질 거야. 소피아 곁엔 엄마랑 아빠랑 사라가 있잖아."

그러자 소피아가 거짓말처럼 토하는 걸 멈추더니 곧 깊은 잠에 빠져들었다. 입술은 새파래졌고 몸은 단단하게 굳어 있었다. 마리온이 결국 모르핀 펌프를 연결하는 게 좋겠다고 말했다.

"아직 때가 아니에요."

그러자 아내가 소리를 질렀다.

"그럼, 소피아가 저렇게 아파하는 걸 보고만 있을 거야! 소피아가 저렇게 아파하는데! 소피아가 저렇게 고통스러워하는데도!"

아내처럼 나도 두렵고 힘들었지만 결코 포기할 순 없었다.

"일단 수혈을 받고 생각해 보자. 수혈을 받으면 좋아질 수도 있어. 지금까지 그랬잖아. 모르핀을 주입하는 순간 희망은 사라져. 그냥 이렇게 포기할 순 없잖아. 그러니까 소피아를 한 번만 더 믿어보자. 응?"

의사도 포기해 버린 상황에서 믿을 수 있는 건 소피아의 의지뿐이었다. 소피아에 대한 믿음이 이뤄지기만을 간절히 바랐다. 그러나 한편으로는 창백하게 굳은 소피아를 바라보며 나 역시 한계를 절감하고 있었던 것 같다. 그때였을 것이다. 이젠 소피아를 놓아줘야 한다는 소리가 들려오기 시작한 게….

의사가 도착했고 소피아는 수혈을 받았다. 그러는 동안 얼굴에 핏기가 좀 도는 듯했고 소피아가 눈을 떴다. 그러고는 일어나 앉더니 이렇게 말하는 것이 아닌가.

"소피아는 내일 유치원에 갈 거예요."

모두 깜짝 놀랐다. 방금 전만 해도 죽을 것만 같던 소피아가 언제 그랬냐는 듯 힘찬 목소리로 내일을 이야기하고 있었다.

다음 날에 소피아는 정말로 유치원에 갔다. 유치원에 가는 건 소피아의 삶에 아주 소중한 경험이었다. 소피아는 유치원에서 새로운 것을 배우고 친구들과 어울려 노는 게 행복했나 보다. 유치원 선생님인 콘디 역시 소피아에게 좋은 친구가 되어주었다.

소피아는 친구들과 놀면서 새로운 힘을 얻는 것 같았다. 그렇지만 얼굴이 퉁퉁 붓고 걸어 다니는 것조차 힘겨운 소피아가 애처로워 보였다. 뛰노는 게 마음대로 되지 않자 소피아는 책상에 앉아서 하는 활동이라도 친구들과 함께 해보려고 노력했다. 그 모습 또한 차마 볼 수 없을 정도로 가여웠다.

소피아가 우리에게 다가왔다.

"엄마 아빠, 나중에 오세요. 소피아는 괜찮아요."

유치원에 있는 동안은 다른 친구들과 똑같이 생활하고 싶은 것이라 생각했다. 엄마 아빠가 지켜보지 않아도 잘할 수 있고, 친구들과 좀 더 자유롭게 어울리고 싶었던 것이리라. 그래서 우리는 무슨 일이 생기면 곧장 전화해 달라고 선생님께 신신당부를 하고는 한 시간 뒤에 다시 오기로 했다.

이제 뭘 한다? 오랫동안 소피아에게 맞춰 살아와서, 그 아이가 없는 상황이 되자 뭘 해야 할지 막막해졌다. 그래서 근처 카페에서 커피를 마시기로 했다. 한동안 말없이 커피를 마시면서 다른 이들의 이야기를 듣고 있었다.

"이 바지 어때?"

"나 어제 정말 끝내주는 레스토랑에 다녀왔어."

"그 영화 엄청 재밌더라."

다른 사람들에겐 일상적인 일들이 우리에게 머나먼 나라의 이야기 같았다. 그래서 소피아 걱정은 잠시 접어두고 다른 이야기를 해보자고 시도했으나, 결국 대화는 소피아에 관한 것으로 흘러갔다. 한 시간이 왜 그토록 길게 느껴졌을까? 겨우 시간을 보내고서 다시 유치원으로 향했다.

마리온이 카테터를 씻을 때면 소피아는 알코올 병을 열어 냄새를 맡았다. 그러면 마리온은 무섭게 혼을 냈다. 점막이 손상되기 때문이었다. 결국은 혈소판이 더 부족해지는 결과를 초래하고, 출혈 시에 지혈이 되지 않을 수도 있었다. 마리온이나 내가 혼을 낼 때면 소피아는 홱 토라졌다.

마술사가 우리 집에 와서 마술 쇼를 하기로 했다. 그날은 마리온도 로저도 모두 아이들을 데리고 왔다. 그리고 택시 기사 루디도 소피아에게 줄 사자 인형을 들고서 구경을 왔다. 소피아는 사자 인형을 열렬히 환영해 주었다.

“암에 걸린 환자가 얼마 전에 다시 건강해졌다는 소식을 들었어요. 그러니까 희망을 잃지 마세요. 소피아도 분명 다시 건강해질 거예요.”

우리가 뮌헨 병원에 가지 않으니 그 택시를 탈 일은 별로 없었지만, 그는 때때로 좋은 소식을 가져와 용기를 주었다.

마술을 보는 내내 소피아는 표정이 어두웠다. 상태가 별로 안 좋은 듯했다. 그동안 수혈을 자주 받아도 혈색소 수치가 너무 낮았다. 문득 나는 뮌헨 병원에 전화를 해봐야겠다는 생각이 들어, 자리에서 살짝 빠져나와 수화기를 들었다.

의사는 박테리아 때문에 상태가 나빠지는 걸 수도 있다며 다시 입원하는 게 어떻겠느냐고 물었다. 항암치료 때문에 면역력이 많이 약해진 상태라 바이러스에라도 감염된다면 소피아가 크리스마스를 보내지 못할 것이라는 말도 덧붙였다.

나는 소피아에게 다시는 뮌헨 병원에 가지 않을 거라고 약속했다. 그는 위험해질 수 있다고 다시 한번 강조했다. 그러나 나는 믿지 않았다. 의사들은 소피아가 두 달밖에 못 산다고 하지 않았던가. 소피아는 지금도 살아 있었다. 뮌헨 병원으로 가지 않겠다던 약속을 어기면 소피아는 나를 결코 용서하지 않을 것이다. 그래서 나는 과감히 결정을 내렸다.

"그곳에 가는 일은 다시는 없을 겁니다. 때가 되면, 소피아가 집에서 편안하게 가도록 할 겁니다. 소피아는 우리와 함께 집에서 크리스마스를 보낼 거예요."

마술은 아직도 한창이었다. 나는 의사가 한 이야기가 자꾸만 생각나 심란해져서 다른 이들 앞에서 즐거운 표정을 짓고 있기가 힘들었다. 마술 쇼가 끝났을 때 내 표정을 읽은 마리온이 오더니, 우리가 어떤 결정을 내리든 도와주겠노라고 말했다. 저녁에 동네 병원의 의사에게서 전화가 와 뮌헨 병원 의사와 통화한 얘기를 해줬더니, 그는 내가 잘 결정한 것이라고 말했다.

"병원으로 돌아가면 더 고통스러울 수도 있죠."

소피아는 몸 상태가 다시 좋아져 강한 모습을 보여줬다. 뮌헨 병원 의사들은 할 말이 없어졌고, 우리의 결정이 옳았다는 게 증명된 셈이었다.

소피아가 수혈을 받아야 했으므로 거의 집에만 있었다. 문득 뮌헨 병원 의사가 크리스마스를 함께 보내지 못할 수도 있다고 말한 게 떠올랐다. 그러나 소피아는 초록색 디즈니 모자를 쓰고서 환한 미소를 짓고 있었다. 우리 결정이 백 번은 옳았던 것이다.

두 달이 지났다. 소피아는 의사들이 선고한 삶의 한계를 뛰어넘었다. 소피아는 여전히 살아 있었다. 몸이 많이 약해지긴 했지만 날마다 즐겁고 힘차게 살기 위해 노력하고 또 노력했다. 우리는 소피아에게 잊지 못할 크리스마스를 만들어주고 싶었다. 그러나 그런 중에도 빌어먹을 백혈병은 소피아를 굴복시키고 있었다.

드디어 크리스마스이브가 되었다. 소피아와 함께 이토록 행복한 시간을 보낼 수 있다는 사실이 꿈만 같았다. 우리는 멋진 크리스마스트리를 만들었다. 반짝반짝, 크리스마스트리는 빛을 냈다. 그런데 그 앞에 기도하듯 손을 모으고 서 있는 소피아의 눈이 더 아름답게 빛나고 있었다.

소피아의 눈은 생명력으로 더욱 빛이 났다. 그 눈을 들여다보면서 나는 소피아가 살아 있음에 다시 한번 감사했다. 그리고 내년 크리스마스에도 소피아는 살아 있을 것이라고 믿었다.

소피아가 선물을 풀어보면서 기뻐하는 모습을 캠코더에 담았다. 사라는 오래전부터 갖고 싶어 했던 인형 주방 세트를 받았다. 예전 같으면 언니 것을 빼앗으려고 했을 텐데, 소피아는 그러지 않고 얌전히 물었다.

"언니, 나도 한 번만 가지고 놀아도 돼?"

"당연하지!"

그러고는 둘이서 사이좋게 인형놀이를 했다. 우리 가족을 지켜주는 두 꼬마 천사! 나는 크리스마스이브에 찍은 천사들의 사진을 무척 좋아한다.

소피아는 그날 밤에 수혈을 받았고, 다음 날도 그랬다. 상태가 좋지 않았다. 이제는 말을 하는 것조차 힘들어했다. 이모님 댁에서 가족 모임을 갖는 동안 모두들 관심을 기울이며 예뻐해 줬는데도, 소피아는 표정이 굳어 있었다. 오히려 사람들이 너무 많고 분주해서 힘들어하는 것 같았다.

그때 사라가 실수로 소피아의 머리에 책을 떨어뜨려 소피아가 크게 울기 시작했다. 책을 맞은 부위가 파래지면서 점점 부어올랐다. 순간 나는 당황해서 사라를 얼마나 혼냈는지 모른다. 저도 놀라 하얘져서는 소피아를 달래주는데, 그런 사라에게 나는 계속 화를 냈다.

그때 사라가 얼마나 슬펐을까, 마음이 얼마나 아팠을까를 생각하면 지금도 가슴을 세게 치게 된다.

한바탕 일이 있고 난 뒤에 소피아는 주방에서 동갑인 사촌 스벤야와 함께 그림을 그리면서 놀았다. 나는 그 모습도 캠코더에 담아두었다. 지금에 와서야 그 동영상을 보고 소피아의 배가 더 많이 부풀었다는 것을 알았다. 그땐 왜 몰랐을까? 소피아가 그림을 다 그리고는 나에게 보여주었다.

"아빠, 보세요."

다른 말은 하지 않았다. 이 말만 다시 한번 되풀이할 뿐이었다.

꿈만 같은 크리스마스를 보내고, 장인어른 댁에서 새해를 맞았다. 소피아는 열도 많이 났지만 끝까지 불꽃놀이를 보겠다면서 잠도 안 자고 기다렸다. 드디어 자정이 되었을 때 소피아는 아름다운 불꽃놀이를 바라보며 새해를 맞았다. 2003년, 소피아와 함께 시작된 2003년은 내 삶에서 가장 고통스러운 해로 남았다.

어느 날 거실에 앉아 있던 소피아가 말했다.

"아빠, 내가 나중에 신디가 있는 곳으로 가면은요, 아빠가 소파에 잠들어 있을 때 와서 귀를 깨물어줄 거예요."

"소피아, 아빠는 소피아가 신디 곁으로 안 갔으면 좋겠어. 신디가 기다려줄 거야. 그러니까 넌 우리랑 오래오래 같이 있자, 응?"

그렁그렁 눈물이 맺혔지만 소피아 앞에서 울지 않으려고 이를 악물었다.

"알았어요, 아빠. 그렇게 할게요."

소피아는 날이 갈수록 배가 부풀어 올랐고 숨 쉬는 것조차 힘겨워했다. 이젠 걸을 수도 없게 되었다. 나는 근육에 힘을 키워주려고 소피아를 데리고 산책을 나갔다.

"소피아, 조금이라도 걸어봐. 다리를 움직여야 해."

운동을 하면 소피아가 걸을 수 있으리라 생각했다. 참 어리석게도 말이다.

이제는 진통제를 먹어도 소용이 없었다. 어느 날은 소피아가 너무 고통스러워해서 소아과에 데리고 갔다. 초음파 검사를 하는 동안에도 소피아는 발버둥을 치면서 소리를 질렀다. 검사 결과, 소피아의 장기들이 많이 팽창되었고 백혈구가 온몸에 퍼져 있었다.

'소피아, 참아야 해, 조금만 더 참아.'

나는 마음으로 울부짖으며 소피아를 응원했다.

약을 먹어도 백혈구는 줄어들지 않았고, 오히려 장기를 부풀게 하는 부작용만 남았다. 소피아는 날이 갈수록 야위어갔다. 어느 날은 소피아에게 잠옷을 입히는데, 소피아의 다리를 보고 깜짝 놀랐다. 한겨울의 앙상한 나뭇가지 같았다.

그걸 보면서 나는 단순한 생각만 하고 있었다. 소피아에게 음식을 더 많이 먹여야겠다고. 하루 섭취 칼로리가 높아지면 몸무게가 늘어나고 면역력도 강화되고 장기도 회복되고, 그렇게 해서 다시 건강해질 것이라고만 생각했다.

"소피아 몸무게는 옛날하고 같아. 단지 근육이 없어지고 장기가 무거워졌을 뿐이야. 많이 먹는다고 해결될 문제가 아니라고."

아내가 심각한 표정을 지으며 일깨워주었다.

그렇다면 다른 방법을 찾아봐야지. 병마는 우리를 이기려고 갖은 수를 다 쓰고 있으니, 우리도 있는 힘을 다 모아 방어해야지.

그것은 전쟁이었다. 죽지 않으려면 반드시 이겨야 했다.

한번은 사람에게 빛에너지를 충족시켜 치료를 한다는 사람을 만났다. 우리는 둥글게 앉았고 가운데에 촛불을 밝혔다. 그는 소피아가 치료받는 것에 집중하라고 일러두었다.

그때 우리 모습을 본 사람들이라면 대체 무슨 짓을 하는 거냐며 비웃었을 것이다. 그러나 할 수 있는 것이라면 무엇이든 해보고 싶었다. 방법이란 방법은 모두 찾아내려고 했다. 소피아는 따분한 듯 하품을 하더니 자꾸만 놀고 싶어 했다.

소피아는 계속해서 수혈과 혈소판을 받았고, 자꾸만 약해져 갔다. 마리온은 우리 집에 살다시피 했다.

하루는 소피아에게 갖고 싶은 것이 생겼다.

"트램펄린 사주세요, 트램펄린."

제대로 걷지도 못하는 소피아가 탄력성 매트인 트램펄린을 사달라고 했다. 나는 한걸음에 달려가 사 와서는 거실에 설치해 주었다. 소피아는 소파에서 힘겹게 내려오더니 또 힘겹게 트램펄린 위로 올라갔다. 그러고는 내 손을 잡고서 몇 번 뜀박질을 시도했지만 곧 주저앉아버렸다.

"다리가 이상해! 다리가 서 있지를 못해!"

소피아는 엉엉 울어버렸다.

소피아보다 두 살 많은 샤론에게서 편지가 왔다. 뮌헨 병원에 있을 때 소피아랑 친하게 지냈던 그 꼬마신사는 그 편지를 통해서 사랑을 고백했다.

"소피아, 널 처음 본 순간부터 좋아했어. 보고 싶다. 너희 집에 놀러가도 돼?"

내가 편지를 읽는 동안 소피아는 부끄러워서 얼굴에 발그레 물이 들었다. 샤론이 왔을 때 둘은 예전처럼 놀 수가 없었다. 가만히 있지 못하고 사방을 뛰어다니는 개구쟁이 샤론과 달리 소피아는 이제 걸을 수도 없었고 숨 쉬는 것조차 힘들었으니까 말이다.

나는 샤론을 바라보며 소피아도 언젠가 다시 저렇게 뛰놀 수 있으리라며 스스로를 위로했다.

텔레비전을 보는 시간이 더 많아진 소피아는 〈전사〉라는 만화도 참 좋아했다. 말이 자유를 얻기 위해 싸워나간다는 스토리의 그 만화는 내가 봐도 아주 잘 만들어진 것 같았다.

"아빠, 전사가 뭐예요?"

"전사? 우리 소피아가 바로 전사지. 전사란 어려운 일이 있어도 잘 견뎌내는 씩씩하고 용감한 사람이야. 꼭 우리 소피아지?"

소피아는 환하게 웃어 보였다. 어느 누구보다도 강하고 용감했던 우리 소피아가 진정한 전사였다. 백혈병이 소피아의 몸을 자꾸만 파괴시킬수록 소피아의 영혼은 더욱 강해져만 갔다.

소피아는 날마다 달라졌다. 이젠 전처럼 화도 잘 안 내고 언니에게 투정을 부리는 일도 없었다. 소피아랑 사라가 함께 찍은 사진 중에 정말 소중히 여기는 게 있다. 그 사진은 지금 사라의 침대 위에 걸려 있는데, 거기엔 소피아가 언니의 어깨에 왼팔을 두르고 있다. 얼굴은 많이 부었고 눈이 충혈돼 있다. 소피아의 눈을 보고 있으면 앞으로의 일을 다 알고 있는 것만 같다.

소피아가 아내와 나 사이에 누워 있었다. 나는 사랑스러운 소피아의 등을 쓰다듬어주었다.

"소피아, 엄마 아빠는 우리 소피아를 아주 많이 사랑해. 소피아가 있어서 엄마 아빠는 너무 기뻐."

그러자 소피아가 이런 대답을 했다.

"소피아는 옛날부터 소피아가 되고 싶었어요."

아내와 내가 소피아의 이름을 지을 때 이런 뜻이 있는 줄은 잘 몰랐다. 우리는 소피아가 떠난 뒤에야 그 뜻을 알게 되었다.

'지혜.'

그날 저녁에 소피아가 되고 싶다던 그 소피아는 바로 지혜가 아니었을까?

새로운 신디

1월에 소피아가 말했다.

"신디가 있었으면 좋겠어요. 흰색 신디."

신디 같은 개가 있나 보려고 찾아다녔으나 마땅한 강아지가 없었다. 겨울이라 새끼 낳을 시기가 아니었다. 그래도 포기하지 않았다. 얼마 뒤에 아내의 친구에게서 전화가 왔는데, 한 농장에서 버니즈 마운틴 독 새끼를 나눠준다고 했다. 그런데 흰색이 아니었다.

"소피아, 꼭 흰색이어야 돼?"

"아니요, 다른 색도 괜찮아요."

농장에 당장 전화를 해보니 암컷과 수컷 한 마리씩 남았다면서 암컷이 아주 순하다고 했다. 우리는 곧장 농장으로 가서 강아지들을 만났다. 가만히 앉아 있던 수컷과 달리 암컷은 기다렸다는 듯 소피아에게 달려왔다.

"얘가 새로운 신디랍니다."

그런데 나는 왠지 그 신디가 마음에 걸렸다. 몸집도 너무 작고 털도 많이 안 난 게 약해 보였기 때문이다. 그러나 소피아는 바라던 신디를 찾은 것 같았다.

곰처럼 생긴 그곳 주인은 새끼들이 생후 8주가 됐는데 10주는 돼야 어미 개에게서 떨어질 수 있지 않을까 생각했다. 그렇지만 그는 새로운 신디는 좀 특별하다면서 2주 동안 더 있으면

정이 들어 못 줄 것 같으니 지금 데리고 가라고 했다.

주방에서 그와 차를 마시면서 소피아 얘기를 해줬더니, 그 곰 같은 사람이 눈물을 펑펑 쏟아냈다. 그 모습에 나도 덩달아 눈물이 났다. 다 큰 남자 둘이서 마주 앉아 엉엉 울고 말았다. 그가 울먹이면서 말했다.

"신디가 좋은 주인을 만난 것 같아 흐뭇합니다. 소피아에게 큰 기쁨이 될 거예요."

차로 돌아와보니 소피아는 잠들었고, 사라는 새로운 신디를 안고 장난을 치고 있었다. 그리고 뒷좌석에 있던 제리는 고개를 갸우뚱거리며 새로운 신디를 살펴보고 있었다. 그때 소피아가 잠에서 깨어나 기지개를 켜면서 말했다.

"나 지금 너무 행복해요."

고되고 힘겨운 전쟁을 치르고 있는 우리의 꼬마 전사가 행복하다고 말했다.

소피아는 상태가 계속 나빠졌고, 우리도 지쳐갔다. 그렇지만 오직 참아야 한다는 생각뿐이었다. 또 다른 방법을 살펴보다가 심령술사를 찾아가기로 했다. 심령술로 환자를 치유해 꽤 유명한 사람이었다. 소피아도 나도 썩 내키지 않았으나, 이번엔 아내가 한 번만 해보자고 했다.

예약도 안 하고서 무작정 그를 찾아갔다. 하얀 수염을 기른 그 심령술사는 독일어를 잘 못했지만 우리를 보자마자 "혈액이 안 좋아요"라고 말했다. 어떻게 알았지? 소피아는 모자를 쓰고 있어서 머리도 안 보였는데. 심령술사의 부인이 통역을 해주었다. 그들은 우리가 두 달 전에 예약한 가족들인 줄 알았다고 했다. 사람이 너무 많아 적어도 두 달 전에는 예약을 해야 한다면서 우리를 다른 방으로 안내해 주었다.

촛불이 켜져 있는 아늑한 방이었다. 소피아는 내 무릎에 앉았고, 심령술사는 맞은편에 앉았다. 그의 눈빛은 보통 사람과 달라 보였다. 지혜로워 보이기도 했고, 한편으로 그 방처럼 따스함이 어려 있는 듯도 했다. 소피아는 보통 마음에 안 드는 사람을 만나면 가만히 있지 않았는데 그날은 조용했다.

우리는 소피아의 이야기를 들려주었다. 부인의 통역으로 이야기를 다 들은 심령술사는 고개를 끄덕거리다가 눈을 감는가 싶더니 천천히 두 손을 들어올렸다.

예전 같으면 사기꾼 같은 냄새가 풍기는 이런 데는 발도 들여놓지 않았을 텐데, 그 순간만큼은 지푸라기라도 잡는 심정이었다. 두 손을 올린 채로 눈을 감고 있던 심령술사는 한참 뒤에야 입을 열었고 부인이 통역을 해주었다.

"몸이 많이 안 좋군요. 신의 도움으로 소피아가 얼마쯤 회복되었습니다. 다음 혈액 검사 결과를 한 번 기대해 보세요."

우리는 잠시 멀뚱멀뚱해 있다가 물었다.

"돈은 얼마나 드려야…?"

그러자 그는 돈은 필요 없다면서, 소피아가 악수를 해준 것만으로도 충분하다고 했다. 밖으로 나와 자동차에 올랐을 때 소피아가 말했다.

"아빠, 나 좀 좋아진 것 같아요."

다음 날 아침에 혈액 검사를 해서 결과가 나왔는데, 놀랍게도 며칠 전보다 훨씬 좋아진 상태였다. 믿을 수가 없었다. 우연일까, 아니면 그 심령술사의 치료가 효능이 있었던 걸까?

어쨌든 소피아는 심령술사를 '좋은 아저씨'라고 불렀고, 그 좋은 아저씨에게 또 가자고 졸라댔다.

"어제 다녀왔잖아."

"그렇지만 아빠, 다시 가야 돼요. 좋은 아저씨는 날 도와줄 거예요."

그에게 전화를 걸었더니, 그는 고맙게도 소피아라면 언제든 대환영이라고 했다.

소피아는 이번에 저랑 나 둘이서만 가야 된다고 했다. 그 이유를 오늘까지도 잘 모르겠지만, 소피아가 잠시나마 둘만의 시간을 원했던 건지도 모르겠다. 자동차에 올랐을 때 소피아는 사탕을 가지고 가야 한다면서 다시 집으로 들어갔다.

"좋은 아저씨 갖다줄 거예요."

언니에게도 사탕을 잘 안 나눠주던 소피아가 잘 모르는 사람에게 주겠다니 참 신기했다.

우리를 반갑게 맞아준 심령술사는 어제처럼 우리를 촛불이 있는 방으로 안내했다. 그리고 그는 또 눈을 감고서 두 손을 들어올렸다. 한참을 그러고 있는데 소피아가 땀을 흘렸다. 심령술사도 땀을 많이 흘렸다. 치료가 끝난 뒤에 인사를 하고 있었는데, 소피아가 내 귀에다 대고 좋은 아저씨에게 사탕을 주라고 부탁했다.

"왜, 네가 드리지 않고서?"

"아빠가 해주세요."

소피아는 애원하는 듯한 표정을 짓고 있었다. 정말 오랜만에 본 그 표정이 반갑기 그지없었다. 소피아의 부탁대로 좋은 아저씨에게 사탕을 건네주자, 소피아는 내 뒤에서 다리를 잡고는 몸을 배배 꼬며 부끄러워했다.

"와, 고마워, 소피아."

둘은 뭔가 특별히 통하는 게 있는 것 같았다.

"영광으로 아셔야 합니다. 소피아가 사탕을 잘 안 나눠주는데 말입니다."

내가 너스레를 떨자 그가 웃어 보였다.

"소피아는 어리지만 영혼은 그렇지 않습니다. 그리고 영혼들은 서로를 잘 알아보는 법이죠."

그 뒤로도 좋은 아저씨를 자주 방문했고, 소피아는 그때마다 아주 좋아 보였다. 그러나 사실 기분이 좋아진 것일 뿐, 육

체적으로는 여전히 고통을 느끼고 있었다.

언젠가 마리온이 물었다.

"소피아와 죽음에 관해 얘기해 본 적 있으세요?"

그런 건 생각조차 해보지 않았다.

"소피아는 자기 몸이 자꾸만 변해 간다는 걸 느끼고 있어요. 소피아에게 설명해 주셔야 할 거 같아요. 그리고 하고픈 얘기도 다 하세요. 시간이 얼마 남지 않은 것 같아요."

순간 화가 나기도 했지만, 그녀 말처럼 소피아에게 이제 설명해야 할 때가 온 것 같았다.

소피아는 만화를 보고 있었다. 숨 쉬는 게 힘들어 보였고, 어렵사리 숨을 쉴 때마다 폐에서 이상한 소리가 났다. 다른 사람들이 그때의 소피아를 봤다면 많이 놀랐을 것이다.

그러나 나는 그 순간에도 우리 딸이 예뻐 보였고, 그렇게 살아 있다는 것만으로도 굉장히 기뻤다. 그런데도 죽음을 얘기해야 한단 말인가? 어떻게 말을 꺼내야 할지 몰라 막막해하고 있었는데 소피아가 이를 눈치 챈 듯 나를 한 번 보다가 텔레비전을 보다가를 반복하고 있었다. 말하지 않는 편이 낫지 않을까?

"소피아, 신디한테 가는 거 안 무서워?"

"신디가 있는 곳이 어떤지는 나도 잘 몰라요. 거기에 텔레비전이 있을까요?"

"없을 것 같은데. 여기서만 볼 수 있을 거야."

나는 소피아가 "그럼, 여기 그냥 있을래요"라고 대답해 주길 바랐다. 그러나 소피아는 말이 없었다.

"그런데 소피아, 신디한테 가는 거 안 무서워?"

그러자 소피아가 짜증을 냈다.

"아빠, 나 만화 볼래요."

"그래그래, 알았어. 그런데 소피아, 아빠가 너 많이많이 사랑하는 거 알지?"

소피아는 고개만 끄덕일 뿐이었다.

소피아는 배와 머리가 자꾸만 아프다고 했다. 진통제를 더 자주 먹어야 했지만 소용이 없었다. 그런데도 소피아는 모르핀 없이 견디고 있었다. 수혈과 혈소판을 받고 약도 계속 먹어야 했으므로 잠시라도 다른 곳에 갈 수가 없었다. 그런데도 가끔 소피아는 좋은 아저씨에게 가자고 했다.

"좋은 아저씨는 나를 도와줄 수 있어요."

소피아는 병마와 사투를 벌이고 있었다. 다른 사람이라면 벌써 포기했을 그 힘겨운 싸움을 금방이라도 부서져버릴 것만 같은 몸으로 견뎌내고 있었다. 소피아의 사전에 포기란 없어 보였다. 소피아는 마지막 희망을 붙잡는 것처럼 말했다.

"아빠, 좋은 아저씨한테 가요."

하늘나라에서도 썰매를 탈 수 있어요

눈이 많이 내린 어느 날, 썰매를 타고 숲으로 갔다. 소피아랑 사라를 썰매에 앉히고서 나는 루돌프 사슴처럼 열심히 끌었다. 걸을 수 없었던 소피아는 썰매에 앉아 정말 오랜만에 바깥 공기를 마시고 풍경을 바라보았다.

아내는 소피아가 정말 부서져버릴 것만 같아서 만지는 것조차 겁이 난다고 했다. 그러나 내 눈에 소피아는 그냥 소피아일 뿐이었다. 소피아가 어떤 모습을 하고 있든 보이지 않았다. 그런데 그때 찍은 사진을 보면 소피아가 얼마나 고통스러운 상태인가를 알 수 있다. 그 아이는 자신을 위해서가 아니라 아빠를 위해서 썰매를 타고 있는 것처럼 보였다. 집으로 돌아오는 길에 소피아가 말했다.

"아빠, 하늘나라에 가면 나 혼자서도 신나게 썰매를 탈 수 있을 거예요."

아직도 나를 슬프게 하는 그 말…. 그 말을 하는 소피아의 마음은 어땠을까?

"소피아, 하늘나라에서 썰매 타지 말고 여기에서 타. 여기서 엄마 아빠랑 언니하고 같이 타자, 응?"

화도 나고 눈물도 났다. 퉁퉁 부은 데다 핏기 하나 없는 얼굴을 하고 있는 딸아이에게 나는 가지 말고 이곳에서 썰매를 타자며 졸라댔다.

오래된 친구 요르그와 밥시가 말이 끄는 썰매 드라이브를 하자고 했다. 소피아가 환하게 웃으며 빨리 나가자고 재촉했다. 그런 모습은 정말 오랜만이었다.

'소피아는 다시 건강해질 거야, 소피아는 다시 건강해질 거야.'

나는 주문을 외우는 것처럼 그 믿음을 되뇌고 있었다.

썰매를 탔을 때 소피아를 옆에 앉혔는데 조용하게 잠자코 있는 모습이 왜 그렇게 초라해 보이는지, 나는 소피아를 다시 안아 올렸다. 출발하려고 할 때 소피아는 그냥 차에 있겠다고 했다. 나는 소피아를 데리고 차에 가서 앉았다. 소피아는 아내와 사라가 친구들과 함께 썰매로 멀어져가는 모습을 가만히 바라보았다.

그즈음 아내와 나는 소피아 때문에 잠을 통 못 자서 많이 힘들어했다. 아내는 내게 거실 소파에 가서 눈을 좀 붙이라고 했다. 그날 밤에 나는 소파에 누워서 소피아가 고통스러워하는 소리를 듣고만 있었다. 그 순간은 정말 방에 올라가고 싶지 않았다. 모든 게 너무도 힘겨워서 소파에 묻힌 채 땅으로 꺼져버리고 싶었다.

그맘때쯤 아내와 나는 자주 다퉜다. 밤낮으로 소피아를 돌보며 잠을 제대로 못 자서 둘 다 신경이 날카로워져 있었다.

소피아는 밤에 자주 화장실에 가야 했는데, 아무리 힘을 줘도 볼일을 보지 못했다. 몸속에서 무엇 하나 제대로 기능하는 게 없었다. 때때로 나는 소피아의 부풀어 오른 배를 만지면서 눈물을 흘렸다. 그 배를 만져보면 장기들이 얼마나 커졌는지를 느낄 수 있었다.

소피아의 병은 악마의 병이었다. 소피아의 몸을 있는 대로 다 망가트렸다. 나는 종종 소피아의 배와 등을 마사지해 주었다. 배에는 특별한 향기가 나는 오일로, 등은 올리브유로 마사지를 했는데, 가끔 내가 착각해서 반대로 하면 소피아가 금세 알아차리고는 주의를 주었다. 움직이지는 못해도 눈치 하나는 정말 빨랐다. 엄마 아빠가 마사지를 해주면 소피아는 그 사랑을 온몸으로 느끼는 듯했다.

소피아는 제대로 움직이지도 못하면서 화장실은 끝까지 혼자 가려고 했다. 소피아의 옷을 갈아입힐 때마다 부은 얼굴과 배, 앙상한 다리를 보면서 마음이 찢어지는 것만 같았다. 소피아의 몸은 더 이상 사람의 몸이 아니었다.

그런데도 소피아가 나을 수 있다는 믿음은 머릿속에 박혀 사라지지 않았다. 밤에 소피아 옆에 누워 손과 등을 쓰다듬어주면서 좋은 이야기를 들려주고 씩씩하게 잘 싸워달라며 격려해주었다. 이런 이야기를 들으면 소피아가 더 힘을 낼 수 있을 것이라 믿었다. 내가 할 수 있는 것은 그것뿐이었다.

〈마지막 유니콘〉은 소피아가 좋아하는 영화 중 하나였다.

유니콘들이 힘을 모아 적의 성을 무너뜨리는 장면이 있는데, 소피아는 이 장면이 나올 때마다 가쁜 숨을 쉬면서 이렇게 말했다.

"아빠, 이제 모든 게 다 잘될 거예요."

소피아는 견디려고 노력했지만, 그즈음 우리에게서 조금씩 멀어져가고 있었던 듯하다. 나는 아직 때가 아니라고 생각했으나, 소피아가 조금씩 다른 세상을 향해 가고 있다는 것이 느껴졌다. 소피아는 다른 세상을 볼 수 있는 것만 같았다. 다른 세상의 문이 그 아이를 향해 조금씩 열리고 있었다.

"아빠, 누가 내 발가락을 간질였어요."

"그 사람이 누구야?"

"잘 모르겠어요. 까만 코트를 입은 아저씨예요."

나는 그 자리에 그대로 굳어버렸다. 마흔네 살에 돌아가신 아버지가 까만 코트를 즐겨 입었던 기억이 떠올랐다.

보험회사에서 소피아에게 마리온 간호사가 꼭 있어야 하는 건지 알아보기 위해 방문한다고 연락이 왔다. 나는 불쾌한 감정을 그대로 드러냈다. 그들은 소피아의 상태가 어떤지 전혀 모르는 듯했다.

보험회사 직원이 셋이 왔는데 여자 한 명과 남자 둘이었다. 나는 그들에게 차가운 시선을 던졌다. 소피아는 소파에 누워 〈마지막 유니콘〉을 보고 있다가, 보험회사 사람들은 안중에도 없이 마사지를 해달라고 했다. 내가 소피아의 윗옷을 올렸을 때 지금껏 상황을 살펴보던 여자가 눈물을 흘렸고 남자들의 태도도 달라졌다. 그러고는 필요한 게 있으면 언제든 연락을 달라며 돌아갔고, 그 뒤로 보험회사는 우리에게 아무 간섭도 하지 않았다.

소피아는 보통 일주일에 두 번 혈소판을 받아야 했는데, 담당 의사가 대신 주문을 해주면 택시로 울름에서 멤민겐까지 배달이 되어 왔다. 그것들을 받기까지 하루 정도가 걸렸다. 의사는 필요한 서류를 친절하게 잘 처리해 주었다. 그러나 혈소판 관리 사무실의 직원들은 매우 불친절했다. 소피아에게 급히 혈소판이 필요해 그곳에 전화를 한 적이 있었는데, 여직원이 기다려야 한다는 말만 계속 해댔다. 혈액 검사도 해야 하고, 택시로도 보내줄 수도 없다고 했다.

"이봐요, 똑똑히 들어요. 백혈병에 걸린 네 살배기 내 딸이 지금 혈소판이 필요하다구요! 당장 택시로 보내주든지, 그게 정 어려우면 내가 지금 가지러 가겠습니다. 준비해 주세요."

택시로 올 때까지 기다리는 건 더 오래 걸릴 것 같아 결국엔 내가 직접 가지러 갔다. 두 시간쯤 걸린다고 했으므로, 나는 커피를 마시면서 혈소판을 기다렸다. 너무 피곤했다. 잠도 제대로 못 잤고 기운이 하나도 없었다. 그렇게 앉아 있자니 이상한 기분이 들었다.

주변 사람들은 웃고 떠들며 한가로이 일상을 보내고 있는 것 같은데, 나만 외딴 섬에 홀로 남겨진 듯했다. 그래서 나는 밖으로 나와 자동차에서 혈소판을 기다렸다. 소피아는 아직은 모르핀 없이 진통제와 많은 약을 먹으면서 견디고 있었다. 소피아는 아직 살아 있었다.

우리는 계속 치료 방법을 찾고 있었다. 스페인에 소피아처럼 아픈 아이들을 고친 유명한 의사가 있다는 얘길 듣고서 그에게 전화를 걸었다. 그는 백혈병 같은 건 원래 존재하지 않고 단지 약학에서 만들어낸 것뿐이라고 했다.

소피아는 마음에 쇼크를 받아 아픈 것이라며 치료할 수 있다고 했다. 나는 소피아를 보지도 않고서 어떻게 이런 확신을 할 수 있을까 의구심이 들었다. 세상에는 우리 같은 사람을 이용해 허세를 부리고 돈을 뜯어내려는 사람도 많았다.

물론 소피아가 좋은 아저씨라 부른 심령술사 같은 분들은 존경한다. 소피아가 좋은 아저씨에게 또 가자고 했다. 소피아는 몸이 많이 안 좋았다. 심령술사도 소피아의 상태가 많이 나빠졌다는 것을 느꼈는지 다른 때보다 더 심각한 표정을 지었다. 그분은 소피아에게 많은 에너지를 주려고 노력했다. 눈을 감고 집중해 땀을 뻘뻘 흘리고 있었다. 그의 부인도 옆에서 눈을 감고 있었다.

"이제 소피아는 조금 나아졌습니다. 크게 호전된 건 아니지만,

조금이라도 좋아져 다행입니다."

그는 많이 피곤해 보였다. 그때 소피아가 물을 달라고 해서 나는 깜짝 놀랐다. 그전엔 아무리 먹이려고 해도 입도 안 대던 물을 말이다. 정말 신기한 일이었다.

집으로 가면서 소피아에게 물었다.

"소피아, 좀 어때?"

"조금 좋아졌어요."

집에 도착해서 아내와 소피아를 먼저 들여보낸 후 잠시 나갔다 오겠다며 무작정 자동차를 몰았다. 머릿속이 텅 빈 것처럼 아무런 생각도 나지 않았다. 처음으로 혼자 있고 싶은 마음뿐이었다. 가끔 친구들을 만나 기분 전환을 하는 아내와 달리 나는 오로지 소피아와 시간을 보내려고 노력했다. 다른 건 아무것도 필요 없다고 생각했다. 그런데 그날만은 달랐다. 에너지가 모두 소진되어 버린 것 같았다.

이젠 소피아를 보는 게 무서워졌다. 나는 소리 내어 울었다. 앞으로 어떻게 될까 두려웠다. 소피아가 다시 건강해질 것이라고 했던 믿음, 그 한계를 뼈저리게 느끼고 있었다.

겨우 진정하고 다시 집으로 갔더니 아내는 혼자서 소피아에게 산소호흡기를 대주고 있었다. 소피아가 갑자기 숨을 못 쉬고 혈액에 산소가 부족했다고 한다. 며칠 전에 산소호흡기를 준비해 둔 것이 천만다행이었다. 미리 준비해 두는 게 좋겠다는 마리온의 권유에 따라 집에서 쓰는 큰 것과 가지고 다닐 수 있는 작은 것을 마련해 두었다. 물론 마리온에게 사용하는 방법도 배워두었다.

처음에 코에다 플라스틱 관을 집어넣었을 때 소피아는 화를 냈지만, 숨을 더 잘 쉴 수 있다는 걸 알고는 얌전해졌다고 한다. 나는 그때 소피아의 모습을 카메라에 담았다. 한계를 느꼈던 그 믿음이 다시금 힘을 내고 있었다.

'나중에 소피아가 자랐을 때 자신이 얼마나 강한 사람인가를 보여줘야지. 언젠가는 이 모든 게 힘들었던 기억쯤으로 남겠지? 그리고 점점 잊혀질 거야.'

그러나 나는 소피아가 우리를 떠난 뒤에 이 사진을 보고 깨달았다. 소피아는 그때 떠날 준비를 하고 있었다는 것을.

이제는 진통제도 효과가 없었다. 마리온은 모르핀을 사용할 때가 왔다고 했다.

"소피아의 고통을 조금이라도 덜어주는 건 이제 모르핀뿐이에요."

소피아를 보았다. 그 작고 파리한 몸이 당하고 있을 고통을 보았다. 나는 그때 정말 말도 안 되는 생각을 했다.

'모르핀을 받으면 건강해지겠지? 그럼 그때 모르핀을 중단하면 돼.'

마리온이 모르핀 펌프를 연결했고, 처음엔 적은 양을 주입했다. 마리온이 펌프에 관해 설명해 주면서 보너스 버튼도 가르쳐주었다. 보너스란 단어가 지금 이 상황에 적합한 걸까? 모르핀은 역시 효과가 있었다.

그러나 어느 순간부터 소피아는 눈빛이 흐릿해지고 삶의 의지 또한 잃어버리는 것 같았다. 그런 소피아를 보면서 아내와 나는 또 얼마나 울었는지 모른다. 소피아는 어느새 우리에게서 너무 멀리 떨어져 있었다. 우리는 말없이 울었다. 아내는 소피아가 곧 떠날 것이라 생각하며 울었을까? 그러나 나는 아니었다.

'아직 아닐 거야. 소피아는 우리 곁에 남아 있을 거야.'

소피아의 장기들이 더 이상 작동하지 않았다. 소피아는 먹은 것을 다 토해 냈고 계속 화장실에 가고 싶어 했지만 나오는 건 소변 몇 방울뿐이었다. 악몽 같은 밤이 지나고 아침 일찍 마리온이 왔다. 소피아는 모르핀을 맞고 잠들었는데, 간밤에 보너스 버튼을 두 번이나 눌렀다고 알려줬다. 오전 내내 조마조마하게 보내다가 오후쯤 소피아가 좀 좋아진 것을 보고 그제야 마음을 놓았다.

소피아는 다시 침대에 앉을 수 있는 정도가 되었다. 계속 화장실에 가고 싶어 해서 안아 올릴 때마다 소피아는 혼자서 가겠다고 고집을 부렸다. 내가 잠깐 약을 받으러 나간 사이에 아프리카 잔치를 펼쳐준 리스 씨가 왔다. 소피아는 침대에 차분히 앉아 있었다고 한다. 자꾸 쓰러질 것만 같았으나 참고 힘을 내려는 듯했단다.

집으로 돌아오면서 리스 씨를 만났는데, 그는 울고 있었다. 우리는 말없이 그렇게 한참을 서 있었다. 소피아를 보는 사람마다 이제 곧 우리 곁을 떠날 것이라고 생각했다.

'소피아는 안 죽었어. 아직 살아 있다고. 왜 자꾸만 소피아를 죽은 사람 대하듯 하는 거야? 소피아는 아직 병마와 싸우고 있어. 아직 포기하지 않았어. 소피아는 분명 이길 거야. 쉽게 포기 안 해.'

그런데 그렇게 생각하는 사람은 나뿐이었다. 아내를 비롯해 다른 이들은 곧 어떤 일이 닥칠지 예감하고 서서히 마음의 준비를 하고 있었다.

멀어져만 가는 소피아를 붙잡으려고, 나는 자꾸만 소피아에게 말을 시키고 또 시켰다. 그런데 소피아는 알아듣지 못할 말만 중얼거렸다.

"소피아, 조금만 참아. 며칠 뒤에 수혈을 받으면 다시 좋아질 거야."

아무리 아파도 화장실엔 혼자 가려고 힘겹게 몸을 일으키던 소피아가 이제는 용변을 침대 위에서 해결해야만 했다. 몸에서 물이 나오게 하는 효과가 있어 라섹스를 먹였더니, 소피아의 소변에 피가 섞여 나왔다. 소피아는 침대에서 용변을 보는 것조차 힘겨워했다.

용변을 보려고 할라치면 소피아는 온몸이 땀에 젖었고 소리를 지르며 아파하다가 결국 녹초가 되어버렸다. 다리는 힘이 빠져 덜덜 떨렸다.

"아파! 너무 아파!"

소피아가 다시 소리를 질렀다. 어떻게 도와줘야 할지 알 수가 없었다. 소피아가 고통스러워하는 모습에 나는 결국 이성을 잃고 말았다. 소피아의 어깨를 부여잡고서 큰 소리로 다그쳤다.

"소피아, 소리 질러도 소용없어! 참아야 해!"

내가 소피아에게 바라는 것은 과연 무엇이었을까?

소피아가 누워 있는 동안 장에서 설사가 나와 온 침대에 범벅이 되었다. 소피아는 그걸 보고 크게 놀라 울기 시작했다. 장에서 두세 번 더 대소변이 한꺼번에 쏟아져 나왔다. 방에서는 냄새가 진동을 했지만, 소피아의 장이 비워지고 있다는 사실에 안도했다.

"죄송해요. 일부러 그런 건 아니에요."

그때 우리 심정이 어땠을지 조금이라도 짐작할 수 있겠는가? 아주 잠깐 소피아는 힘을 내어 침대에 앉았고 말도 했다.

소피아가 다시 잠이 들고 한 시간쯤 지났을 때 또 장에서 대소변이 쏟아졌다. 소변은 핏빛이었고 대변은 냄새가 유난히 심했지만, 소피아의 몸에서 나쁜 것들이 배출되는 것 같아 가슴이 뻥 뚫리는 듯했다. 장기들이 조금씩 살아나는 것만 같았다. 몇 시간쯤 자다가 소피아가 우는 소리를 듣고 일어났다. 소피아는 또 고통에 몸부림치고 있었다.

아침에 소피아는 시체처럼 누워 있었다. 나는 이제 몸에서 나쁜 게 빠졌으니 조금 있다가 수혈과 혈소판을 받으면 소피아가 괜찮아질 것이라고 생각했다.

나는 마리온에게 전화를 해서 간밤에 있었던 일들을 얘기해 주었다. 마리온은 한참을 말없이 내 얘기만 듣고 있다가 나직이 말했다.

"마르텐센 씨, 이제 때가 된 것 같아요."

뭐라고? 지금 마리온이 뭐라고 그랬지?

"간밤에 증상들이 이젠 마지막이라는 걸 말해 주고 있어요. 지금 곧 갈게요."

전화가 끊어진 뒤에도 나는 수화기를 그대로 든 채 멍하니 서 있었다.

'뭐라고? 이제 때가 됐다고? 마지막이라고? 이 여자 정신 나간 거 아니야?'

나는 아내에게 마리온이 한 얘기를 전해 주며 광분했다. 아내는 울었다. 그러다가 소피아를 바라보았다. 소피아가 안아

달라고 했다. 그 아이는 우리의 사랑을 느끼고 싶어 했다. 숨쉬는 것도, 기분도 좋아진 것 같았다. 그래서 우리는 마리온이 잘 모르고 한 소리일 거라고 넘겨버렸다. 소피아는 지금껏 잘 해내고 있었다. 벌써 2월이었다.

마리온이 와서 소피아를 자세히 살펴보았다.

'마리온이 잘못 생각했다고 하겠지?'

그러나 마리온은 말없이 눈물을 흘렸다. 아내도 다시 울기 시작했고, 나는 온몸이 떨려왔다.

'햇빛, 방에 햇빛이 들어오게 해야겠다.'

순간 소피아가 있는 방이 너무 어둡게 느껴졌다. 이제 정말 떠나보낼 준비를 해야 하는 걸까?

그때 사라가 들어와 우리를 쳐다보더니 다시 몸을 돌렸다. 나는 사라를 붙잡았다. 나는 울어서 퉁퉁 붓고 빨개진 눈으로 사라를 잠시 바라보았다. 사라는 놀랐을 것이다.

"사라, 소피아는 이제 우리 곁을 떠날 거야. 소피아와 함께 있든, 학교에 가든 그건 네가 선택해."

사라는 학교에 갈 거라고 했다. 잔뜩 겁을 먹고 있었다. 그때 소피아가 아주 작은 목소리로 말했다.

"언니, 가지 마. 나랑 같이 있어줘."

소피아는 언니가 함께 있어주길 간절히 바랐다. 시간이 얼마 남지 않았다는 걸 알고 있었던 것 같다.

"할머니랑 할아버지도 보고 싶어요."

소피아는 사랑하는 사람들을 모두 보고 싶어 했다. 마지막으로.

"소피아, 신디한테 가는 거야?"

"예, 아빠."

"소피아… 편안하게 가렴. 신디가 있는 곳으로 조심해서 가야 해. 소피아, 아빠는 소피아를 아주 많이많이 사랑한단다."

나는 곧 소리 내어 엉엉 울었다. 그래서 소피아의 대답을 듣지 못했는데, 나중에 아내가 알려주었다.

"아빠, 나도 사랑해요."

소피아는 눈을 감고서 더 이상 아무 말도 하지 못했다. 힘겨운 숨소리만 들려올 뿐이었다.

가족들에게 전화를 걸었다. 소피아는 잘 참아내고 있었다. 사랑하는 이들을 보고 가기 위해 힘겹게 버티고 있는 듯했다. 마리온이 소피아의 산소마스크를 걷어 올렸다. 소피아가 자꾸만 거부했기 때문이다. 아내가 다른 이들에게 전화를 하려고 몸을 돌리자 소피아가 붙잡았다.

"엄마, 엄마, 가지 마세요."

소피아는 눈을 떴다 감았다를 반복했다. 소피아는 점점 꺼져가는 촛불처럼 사라져가고 있었다. 마리온이 모르핀을 줄이면 소피아가 좀 더 버틸 수 있을 거라고 했지만, 우리는 소피아가 모르핀을 받고 고통 없이 편안해지는 것을 택했다. 사라는 소피아 옆에서 동생을 말없이 지켜보고 있었다.

초인종이 울리고, 소피아의 외할머니와 친할머니께서 오셨다. 그때 일어나면서 바닥에 있던 커피잔을 쳐서 커피가 엎질러졌다. 그 커피 묻은 카펫을 아직도 세탁하지 않았다. 카펫을 볼 때마다 가슴이 미어지지만, 그 자국을 지우고 싶지는 않다.

할머니들이 소피아의 곁으로 가서 앉았다. 옆으로 누워 있던 소피아가 할머니들을 보고 기뻐하더니 갑자기 "치즈 파스타"라고 말했다. 소피아는 치즈 파스타를 좋아했다. 지금 치즈 파스타를 먹고 싶다는 걸까?

소피아의 외할아버지는 아직 도착하지 못했다. 소피아는 끝까지 힘을 내고 있었다. 그런데 마스크를 씌우려고 하면 계속 옆으로 밀어냈다. 마스크를 하면 숨 쉬는 게 조금이라도 수월해질 텐데, 소피아는 그때마저도 자기가 하고 싶은 대로 고집을 부렸다.

드디어 외할아버지께서 오셨다. 소피아가 사랑하는 가족들이 다 모였다. 마리온은 자리를 피하려고 했지만 우리는 함께 있어주길 바랐다.

"마리온, 당신도 우리 가족이에요. 지금껏 곁에서 소피아를 잘 보살펴줬잖아요. 소피아 옆에 있어주세요."

아내와 나는 소피아가 사랑하는 사람들이 한자리에 모였으니 새 힘을 얻어 상태가 아주 조금은 나아지지 않을까 생각했다. 그러나 소피아는 정말 우리 곁을 떠나려 하고 있었다.

어떤 말을 해도 소피아는 아무런 반응을 보이지 않았다. 이젠 산소마스크를 씌워도 가만히 있었다. 눈만 가끔씩 떴는데 이내 감길 것처럼 힘이 없었다. 그러나 소피아는 역시 소피아였다. 소피아는 발끝까지 이불 덮는 걸 싫어했는데 할머니가 발까지 이불을 덮자 꺼져갈 듯한 목소리로 말했다.

"싫어요."

나는 계속 산소마스크를 쳐다보았다.

"아직 숨 쉬고 있는 거죠? 마스크에 김이 서려 있는 거죠?"

나는 산소마스크에 부착된 고무줄을 빼고 내 손으로 대주었다. 마리온이 맥박을 잡더니 눈물을 흘렸다. 겁이 났다. 소피아는 이제 숨을 쉬지 않는 것만 같았다.

"마리온, 어떻게 좀 해봐요!"

나는 소리를 질렀다. 이제 마스크엔 김이 어리지 않았다. 나는 마스크를 보고 소피아의 가슴을 보고 다시 마스크를 보았다. 소피아는 숨을 쉬지 않는 것 같았다. 그때 갑자기 소피아가 숨을 깊게 들이마시고 내쉬었다. 그것이 마지막이었다. 소피아는 이제 정말로 숨을 쉬지 않았다. 이제 소피아의 삶은 끝이 난 걸까?

'소피아, 숨을 쉬어. 어서 숨을 쉬어봐.'

나는 소피아에게 다가가 그 작은 가슴에 가만히 손을 올렸다. 더는 아무것도 느껴지지 않았다.

"소피아, 편안히 잘 가렴."

두 눈을 꾹 감았다. 방 안은 온통 울음소리로 가득했다.

"이제 정말 가는 거라면 편안하게 잘 가야 돼. 응? 소피아, 안녕."

그리고 밖으로 나와 담배를 꺼내 물었다. 온몸이 파르르 떨려왔다. 눈앞에는 암흑 외에 아무것도 없었다.

나는 다시 집으로 들어가 소피아 옆에 누워 아직 온기가 남은 그 아이를 안았다. 그냥 이대로 숨이 멎어버렸으면 좋겠다고 생각했다. 소피아가 가는 곳으로 함께 가고 싶었다.

전투는 끝이 났고, 결국 지고 말았다. 나에게는 아무런 미래가 없었다. 소피아가 없는 이 세상을 떠나고만 싶었다. 혹시 내가 숨을 멈추면 소피아가 가는 길을 동행할 수 있을까? 소피아가 다시 숨을 쉴 것만 같았다. 정말 죽은 걸까? 우리 곁을 영원히 떠나버린 걸까?

이제 다시는 소피아를 볼 수 없다는 현실에 가슴이 찢어질 것만 같았다. 그대로 잠이 들어 다시는 깨어나고 싶지 않았다.

아내가 울면서 쓰러졌다. 나는 아내를 안아주었다.

"여보, 힘을 내. 힘을 내야 해."

그 말은 곧 나 자신에게 하는 것이기도 했다.

초인종이 울렸다. 목사님이셨다.

"소피아가 잘 있나 궁금해서요. 오늘따라 자꾸만 오고 싶더라고요."

마리온이 눈물을 흘리며 방금 소피아가 우리 곁을 떠났다고 말해 주었다. 목사님도 눈물을 흘렸다. 소아과 의사도 찾아와 위로의 말을 건넸고, 우리에게 신경안정제를 주었다. 그러나 나는 도저히 안정될 것 같지 않았다. 아무 생각도, 행동도 할 수가 없었다.

소피아는 잠이 들어 있는 것만 같았다. 아내가 소피아에게 공주 드레스를 입히자고 했다. 그래, 그걸 입었을 때 소피아가 정말 행복해했지. 디즈니랜드에서의 즐거운 추억들이 떠올랐다. 그때만 해도 소피아는 살아 움직이고 있었는데, 이젠 딱딱하게 굳어버렸다.

소피아에게 드레스를 입히고 구두를 신겼다. 아내는 소피아가 좋아했던 장난감을 가지고 와 침대를 장식했다. 사라는 소피아의 세례 초를 옆에다가 세워놓았다. 그리고 그림도 가져와 소피아의 손에 쥐어주었다. 사라는 이제 울시 않았다. 소피아는 잠이 든 공주 같았다. 결국 우리 곁을 떠나버린 예쁜 공주….

목사님이 장의사와 통화를 했다. 저녁까지 소피아를 집에

놔두고 싶었다. 소피아를 사랑하는 이들이 마지막으로 그 아이를 볼 수 있도록. 친척들과 친구들을 비롯해 많은 사람들이 찾아왔다. 우리는 저녁까지 계속 소피아 곁에 있었다. 소피아의 얼굴을 좀 더 보고 싶었다.

이젠 영원히 볼 수 없는 얼굴이라 생각하니, 그 곁을 잠시라도 떠날 수가 없었다. 소피아의 얼굴은 평화로워 보였다. 이제는 고통도 슬픔도 없었다. 로저와 코린나도 우리를 위로하며 눈물을 흘렸다.

장의사 직원이 와서 소피아의 묘비에 올릴 사진과 글귀를 알려달라고 했다. 우리는 소피아가 유치원에서 찍은 사진을 골랐다. 소피아는 긴 금발머리를 예쁘게 묶고 행복하게 웃고 있었다. 많은 이들에게 건강하고 행복한 소피아의 모습을 보여주고 싶었다. 그리고 묘비에 새길 글귀도 지었다.

"얼마나 살았는가 하는 건 중요치 않다. 어떻게 살았는지가 중요한 것이다."

소피아와 어울리는 말이었다.

저녁이 되었을 때 목사님이 사람들과 함께 예배를 드리자고 했다. 그때 목사님께서 뭐라고 설교하셨는지는 잘 기억이 나지 않는다. 다만 그때 분위기만 느껴질 뿐이다. 짧은 인생을 살다 간 소피아는 우리 마음속에 깊은 인상을 남겼다. 그런데 얼마나 많은 사람들에게 깊이 새겨졌는가 하는 것은 시간이 지나면서 점차 깨닫게 되었다.

예배가 끝나고 사람들이 방에서 나간 뒤에도 나는 침대 옆에 서서 소피아를 바라보았다. 거실에 소피아의 하얀 관이 준비돼 있었다. 목사님이 다가와 시간이 됐다고 말하는 순간, 나는 소피아가 막 태어났을 때가 떠올랐다. 소피아가 처음으로 이 집에 들어서던 순간도 기억이 났다.

가슴을 도려내고 싶을 정도로 아파왔다. 나는 소피아를 안고서 계단을 내려갔다. 소피아는 무거웠다. 소피아의 얼굴을 들여다보았다.

'소피아, 눈을 떠봐. 지금이라도 눈을 뜨고 다시 살면 돼.'

소피아는 말이 없었다. 영원한 잠을 자고 있었다. 소피아가 소파에서 잠이 들면 침대에 눕혀주던 것도 생각났다. 그런데 이젠 소피아의 방이 아니라 하얀 관에 소피아를 눕혀야 했다. 아주 천천히 계단을 내려갔다. 가고 싶지 않았지만 결국 가야만 하는 곳을 향해서.

활짝 열려 있는 관이 보였다. 많은 사람들이 모여 있었지만, 나는 소피아와 관밖에 보이지 않았다. 관 안에는 소피아가 좋아하는 만화가 그려진 베개가 들어 있었다. 나는 떨리는 손으로 소피아를 관 속에 눕혔다. 그리고 소피아가 좋아했던 이불, 강아지 인형, 사자 인형, 사라가 그린 그림을 넣어주었다.

평화로운 표정을 지은 소피아는 행복한 꿈을 꾸고 있는 것만 같았다. 나는 마지막으로 소피아의 귀를 물었다. 우리 둘이서 즐겨했던 귀 맛보기 게임을 끝으로, 나는 내 딸에게 마지막 인사를 건넸다. 죽음 뒤에 영혼이 육체를 떠나는 게 사실이라면 소피아는 그 몸과 관 밖으로 나와 있을 것이었다. 관이 닫혔다.

장의장은 집 바로 옆에 있었다. 나는 소피아를 장례 자동차에 넣고 싶지 않았다. 내가 직접 옮기고 싶었다. 그것이 내가 소피아에게 마지막으로 해줄 수 있는 일이라 생각했다. 로저와 함께 이웃사람 두 명이 나를 도와주기로 했다.

너는 어디로 가니?

아내가 소피아의 세례 초를 들고 앞서 갔다. 소피아의 관이 그 뒤를 따랐다. 내 옆에는 로저가 있었다. 끝까지 내 곁을 지켜준 친구. 우리 뒤로 사라와 친척, 친구들을 비롯해 많은 이들의 행렬이 이어졌다.

거리에는 사람도 자동차도 없었다. 장의장으로 향하는 길은 너무도 고요했다. 그리고 소피아를 장의장에 놓아두고 돌아오는 길은 너무도 멀고 험했다. 그때 그 심정을 어찌 말로 표현할 수 있을까.

사람들도 다들 돌아갔다. 우리는 그날 하루 종일 아무것도 먹지 못했다. 장인어른이 우리를 위해 피자를 사 왔을 때, 지금 이런 상황에 그게 어떻게 넘어갈까 싶어 괜스레 화가 났다. 그러나 곧 우리를 염려하는 장인어른의 마음을 이해했고, 뭐라도 먹어야 힘을 낼 수 있을 것 같았다. 우리는 피자를 한 조각씩 들었다.

장인어른과 장모님도 집으로 돌아가시고, 이젠 정말 우리 세 식구만 남았다. 적막감이 감돌았다. 소피아의 힘겨운 숨소리가 들리지 않는 게 너무 이상했다.

'이게 현실인가? 이제 우리는 소피아 없이 살아가야 하는 걸까?'

우리는 그렇게 울다가 잠이 들었다.

장례식은 닷새 후에 있었다. 목사님은 정말 좋은 분이셨다. 우리를 위해 하늘에서 보내준 사람 같았다. 그는 많은 이들에게 소피아의 소식을 전했고 장례식을 준비해 주셨다. 그리고 항상 우리 마음을 살피고 위로하며 배려해 주셨다. 아내는 내가 넋이 나간 사람처럼 아무것도 하지 못하자, 혼자서 힘겨운 일들을 치러야 했다.

지금도 아내에게 한없이 고맙다. 나는 소피아가 있는 장의장에 있었다. 그곳은 무척 추웠으므로 아내는 내 걱정을 많이 했다.

소피아가 있는 방은 아주 작았다. 나는 관을 열고 소피아를 바라보았다. 소피아를 안고서 다시 집에 갈 생각을 얼마나 많이 했는지 모른다.

'소피아, 왜 여기 있니? 우리랑 같이 살아야지.'

나는 소피아의 얼음장 같은 손을 잡았다.

"소피아, 여긴 너무 춥다. 우리 집에 가자, 응?"

그때 아내가 나를 데리러왔지만 그러나 나는 그곳을 떠날 수가 없었다. 소피아가 갈 수 없다면, 소피아가 있는 곳이 우리 집이라고 생각했다.

'내가 없는 동안 소피아가 깨어나면 어떻게 해? 눈을 떴는데 아무도 없으면 얼마나 놀라겠어.'

나는 소피아 곁에서 한 발자국도 움직이지 않았다. 아내가 장례화를 고르러 가자며 나를 강제로 끌어내면, 나는 손을 뿌리치고 다시 소피아가 있는 방으로 돌아왔다.

장례식이 다가올수록 겁이 났다. 장의장에선 소피아 곁에 있을 수 있고 소피아 얼굴을 바라보고 손도 잡을 수 있는데, 장례식이 시작되고 땅에 묻히면 그것으로 영원히 끝나버리는 것이었다. 우리 예쁜 소피아는 편안해 보였다. 아직도 희망을 버리지 못했다면 나는 정말 미친 것일까?

"소피아, 눈을 떠봐. 아빠가 여기 있잖아. 숨 좀 쉬어봐…."

그러나 소피아는 꼼짝도 안 했다. 소피아의 손을 따뜻하게 해주려고 만지고 만져도 아무 소용이 없었다. 나는 소피아의 머리를 쓰다듬었다.

"소피아, 마지막으로 아빠한테 말해 줘. 신디가 있는 곳에 도착하면 아빠한테 알려주기로 했잖아."

소피아는 아무런 반응이 없었다.

멀리 북쪽에 살던 친척도 장례식에 참석해 주었다. 볼프강과 비르깃은 '소피아가 세상을 변화시켰다'는 제목으로 메일을 보내왔다. 비르깃은 그동안 여러 나라의 사람들에게 소피아의 이야기를 정기적으로 보냈는데, 소피아의 죽음을 알게 된 그곳 사람들이 우리에게 위로의 메일을 보내주었다. 영국, 아르헨티나, 네덜란드 등 여러 곳에서 보내온 메일이 도착했다. 비르깃은 많은 사람들이 소피아의 이야기를 듣고 감동을 받았노라고 전해 주었다.

샤론의 엄마 레일라도 참석했다. 그녀는 떠나면서 내게 편지 한 통을 건네주고 갔는데, 그 내용이 가슴 저리도록 아름다웠다. 소피아의 짧은 인생이 자신을 비롯해 많은 사람들에게 힘과 용기를 주었다는 글이 아름답게 씌어져 있었다. 그녀의 진심 어린 마음에 감사했다.

장례 예배는 오후 2시에 있었다. 검은 정장을 입고서 교회로 향했다. 나는 사람들의 시선도 의식하지 못했고, 스위치를 켜 놓은 인형처럼 움직이고 있었다. 교회로 향하기 전에 장의장에서 나는 마지막으로 관을 열고 소피아를 바라보았다.

소피아를 보는 순간이나마 작은 행복을 느끼며 미소를 지었다. 친척들은 소피아의 파리한 모습을 보고 많이 놀랐다. 소피아의 죽음을 슬퍼했던 그들은 죽은 아이를 마주하는 것 또한 큰 고통이었을 것이다. 그러나 나에게 소피아는 마냥 예쁘게만 보였다.

큰 고통을 받을 때보다도 얼굴색이 좋아졌고 입술에도 붉은 빛이 감돌았다. 나는 그때 소피아가 백혈병에 진 게 아니라 이겼다고 생각했다. 한 번 더 머리를 쓰다듬었고 한 번 더 손을 잡았다.

'소피아는 하늘나라에서 신나게 썰매를 타고 있을까?'

소피아는 정말 우리 곁을 떠났다. 영원히 떠나버렸다. 나는 눈물을 흘리며 관을 닫았다. 그리고 아내와 사라의 손을 꼭 잡고서 교회로 향했다. 우리 가족은 셋이 되었다.

목사님이 계신 교회는 작았는데, 장례식 때 많은 사람이 올 것 같아서 큰 교회를 빌렸다. 우리는 소피아가 좋아했던 노래를 틀어놓기로 했다. 새이비어 나이두의 '너는 어디로 가니?'란 노래가 스피커를 통해 울려 퍼지고 있었다. 교회 천장을 바라보니 천사 그림이 눈에 들어왔다.

'저기 위에 소피아가 있을까?'

너무 먼 곳처럼 느껴졌다. 그때 "지금 가는 건 의미가 없어"라는 노랫말이 들려와 울컥 눈물이 쏟아졌다. 나는 다시 천장을 바라보았다. 천사를 보니 꼭 소피아를 보는 것만 같았다.

'오늘이 소피아를 볼 수 있는 마지막 날이야.'

견딜 수 없는 아픔이 또 한 번 가슴을 짓눌렀다.

교회 안에는 소피아의 사진이 커다랗게 걸려 있었다. 감사하게도 처남이 준비했다. 내가 제일 좋아하는 사진, 자바부르크에서 장미를 들고 있던 소피아의 모습이 담긴 것이었다. 참석한 모든 사람들이 소피아의 예쁜 모습을 바라보며 눈물을 흘렸다.

자리가 없을 정도로 많은 사람들이 참석했다. 순간 나는 앞에 나가 "죄송하지만 돌아가주세요. 우리 소피아가 살았습니다"라고 말하는 엉뚱한 상상을 하기도 했다. 제일 앞줄에 앉았고, 예배가 시작되었다. 목사님의 이야기가 하나도 들리지 않았다. 정말 하나도 안 들렸다. 나는 오직 소피아의 사진을 바라보며 울고 있을 뿐이었다. '너는 어디로 가니?'가 잔잔히 울려 퍼지고 있었다. 소피아가 수천 번 들었고, 함께 자주 불렀던 그 노래가. 소피아는 그 노래를 들으면 기분이 좋아졌고, 새로운 힘을 얻기도 했다. 소피아는 강한 아이였고 뭐든 용감하게 이겨냈다. 나는 소피아의 그 에너지를 아직도 느끼고 있는데, 소피아가 죽었다니….

그곳에 있는 게 내게는 고역이었고, 한시라도 빨리 교회 밖으로 나가고 싶었다. 아내는 나의 손을 꼭 잡았다. 로저는 나에게서 눈길을 떼지 않았다. 내가 나가버리면 언제라도 따라나설 준비가 돼 있었다. 금방이라도 뛰어올 듯 생기 넘치는 소피아의 사진을 바라보며 이 모든 게 사실이 아닌 것만 같았다. 언제쯤 이 악몽이 끝날까? 이어서 그뢰네마이어의 '길'이란 노래가 들려왔다.

"나는 볼 수 없어요. 내 눈에 보이는 건 진실이 아니에요. 우린 모든 것을 되돌리려고 했어요."

노랫말이 마치 우리 삶을 말해 주는 듯했다. 그 순간 좋은 아저씨를 찾아갔던 기억이 났다. 그는 소피아를 믿었고 다시 좋아질 것이라고 했다. 그러나 이젠 다 끝났다.

예배가 어떻게 끝났는지도 모르겠다. 관을 들 친구들이 나왔는데, 로저가 보이지 않았다. 사람들은 집 옆에 있는 묘지로 향했다. 로저는 어디 있는 거지? 아내와 나는 그를 찾고 있었다. 저기 뒤편에서 로저를 발견했는데, 그때 그는 자신이 소피아의 관을 들 자격이 없는 것 같다는 말을 했다. 나는 우리가 힘겨울 때 항상 옆에서 힘이 되어준 친구 로저의 손을 꼭 잡았다.

"네 자리는 바로 내 옆이야."

소피아의 관을 드는 순간 힘이 나기도 했지만, 한편으로는 그뢰네마이어의 노랫말 중에 "삶은 불공평하다"는 게 생각났다. 정말 그런 것 같았다.

부모가 자녀를 먼저 보내고 있다니…. 소피아가 내 관을 들었다면 울지도 않고 아주 씩씩했을 것만 같았다. 나 역시 소피아에게 힘찬 모습을 보여주고 싶었다.

'모두 보세요. 우리 딸 소피아는 어린 나이에 세상을 떠났지만, 80년을 살다 간 사람보다도 더 많은 사랑과 감동을 안겨줬답니다.'

나는 힘을 내기로 했다. 소피아를 보내는 마지막 길, 내 인생에 있어 가장 뜻 깊은 그 길을 힘차게 걸어가기로 굳게 마음을 먹었다.

관을 내려놓는 순간에 한 친구가 실수로 미끄러졌다. 소피아가 그 광경을 봤다면 크게 웃었을 것이다. 나는 미소를 지으며 그를 일으켜주었다. 목사님의 말씀이 끝났을 때 리스 씨가 내 옆으로 와서 아프리카어로 된 시를 읊어주었다. 아름다운 그 시를 소피아도 분명 좋아했으리라. 이어서 유치원 친구들이 노래를 불러주었다.

"네가 태어나서 감사해. 우리는 네가 보고 싶어."

유치원에 다녀올 때면 소피아가 낭랑한 목소리로 불렀던 노래였다. 다시는 듣지 못할 그 낭랑한 목소리로….

빨간 풍선을 하늘로 날려 보냈다. 하늘 높이 올라가는 풍선을 바라보고 있었는데, 신기하게도 풍선 네 개가 나무에 걸렸다. 소피아의 짧은 생애를 뜻하기라도 하는 것 같았다.

'우연일까? 아니야, 우연은 없어.'

나는 소피아의 무덤 옆에 무릎을 꿇고 앉아 관 위에 빨간 장미와 나랑 함께 찍은 사진을 올려놓았다. 사진 뒤에는 소피아를 위한 글이 씌어 있었다.

모든 장례식이 끝난 뒤에 우리 가족은 참석한 이들에게서 위로를 받았고, 인사를 건넸다. 그들은 손을 꼭 잡아주면서 소피아는 강한 아이였다고 일깨워주었다. 그들은 줄곧 우리와 동행했고 함께 슬퍼했다.

얼마 뒤에 교회 친교실에 모여 차를 마시는 시간을 갖기로 했다. 나는 사람들과 어울릴 기분이 아니었지만, 아내는 장례식 때 많은 사람들이 도와준 것에 대해 감사의 표시를 해야 한다면서 꼭 가야 한다고 신신당부를 했다.

교회 분위기는 정말 좋았다. 사람들은 소피아를 기억하며 아이에 관한 이야기를 나누었다. 그들의 이야기를 들으면서 그들이 정말 좋은 사람들이란 걸 새삼 느꼈다.

모임이 끝난 뒤에 아내와 나는 소피아의 무덤으로 향했다. 많은 장난감과 인형이 놓여 있었다. 나는 소피아가 땅속에 묻혀 있다는 게 도저히 믿기지가 않았다. 우리 딸이 홀로 어두운 땅속에 묻혀 있다니, 끔찍할 뿐이었다.

꿈에서 깨어나면 소피아가 내 옆에서 새근새근 자고 있을 것이란 생각도 수없이 들었다. 그러나 그것은 단지 꿈일 뿐이었다.

시간이 어떻게 지나갔는지도 모른다. 시간 감각을 완전히 상실해 버린 것 같았다. 언제가 낮인지, 밤인지도 의식하지 못했다. 그러는 사이에도 우체통은 많은 사람들에게서 온 편지와 카드로 날마다 꽉 차 있었다.

나는 사람마다 슬픔을 이기는 방법이 다르다는 점을 이해하지 못했다. 지금 생각하면 아내의 방법이 훌륭한 것이었다. 아내는 일도 하고 사람들을 만나는 등 삶을 새롭게 시작하려고 노력했다. 그러나 나는 정반대였다. 집에 틀어박혀선 벽난로만 멍하니 바라보고 있었다. 나무가 불타는 것만 보면서 아무 생각도 안 했고 말도 하지 않았다. 내 육체는 거기에 있었지만 영혼은 그 자리에 없는 것만 같았다. 아내가 나를 떠나버렸다고 해도 몰랐을 것이다.

이런 나 때문에 어린 사라가 많이 힘들었을 것이다. 그 순간 사라는 아빠가 필요했는데도 나는 그 아이에게 신경을 쓰지 못했다. 아내가 내 몫까지 해주려고 애썼지만 역부족이었다. 우리 가족은 나로 인해 점차 파괴되어 가는 것만 같았다.

소피아가 죽으면서 내 삶도 함께 끝나버린 듯했다. 나는 그때까지 자살할 만한 이유가 이 세상에는 없다고 생각했으나, 소피아가 죽은 뒤로는 달라졌다. 소피아가 있는 곳으로 가면 슬픔도 고통도 없을 것이며, 이 세상에서 의미 없이 사는 것보다 차라리 죽는 편이 낫겠다는 생각을 수없이 했다.

운전 중에 트럭이 지나가는 순간 사고를 내면 소피아 곁으로 갈 수 있지 않을까 하는 무서운 생각까지도 했다. 날마다 소파에서 잠을 청했지만 두세 시간밖에 못 잤고, 불이 켜진 것도 꺼진 것도 상관하지 않았다.

언제였는지 확실히 기억나지 않는데, 소피아가 떠난 지 3~4주쯤 지난 어느 날 밤이었을 것이다. 그날도 위층 침대에서 도저히 잠이 안 와 거실 소파에 누워 잠을 청하고 있었다. 겨우 잠이 살포시 들려는데 갑자기 소피아의 목소리가 들려왔다.

"아빠?"

소피아는 나직이 나를 부르고 있었다. 그러면서 귀를 깨무는 걸 느끼고서 나는 벌떡 일어났다. 새로운 신디가 내 귀를 핥고 있었다. 강아지들은 자주 사람을 핥는다고 하지만, 신디는 그게 처음이자 마지막이었다.

소피아는 나와 했던 약속을 지켰다. 신디가 있는 곳에 도착하면 밤에 와서 내 귀를 물어 나를 깨우겠다던 그 약속.

나는 그날도 소피아를 생각하며 밤을 지새웠다. 소피아가 너무 보고 싶어서 미칠 것만 같았다. 아침에 아내에게 간밤의 일을 들려줬더니 아내가 울먹이면서 말했다.

"소피아가 꼭 약속을 지키겠다고 했잖아. 그러니까 어젯밤에 그 약속을 지킨 거네?"

얼마쯤 다시 시간이 흘렀고, 다시 직장에 다녀야 했다. 아물지 않은 상처를 안고서 일한다는 건 너무도 큰 고통이었다.

특히 부모들이 아이들을 데리고 가게에 들어올 때마다 내 마음은 더욱 무거워졌다. 소피아처럼 금발머리가 예쁜 여자아이들, 소피아와 비슷한 옷을 입은 아이들을 볼 때마다 마음은 걷잡을 수 없이 아파왔다. 고객들이 문의를 해도 나는 그 아이들을 보느라 정신이 팔려 다른 말은 아무것도 들리지 않았다. 물론 그런 모습에 불쾌해하는 고객들도 있었다. 그럴 때면 나는 속으로 '당신들은 지금 얼마나 행복한지 모르는 거야. 당신들 아이는 건강하잖아. 항생제, 항암제, 진통제도 필요 없고, 치료의 고통이란 게 뭔지도 모르잖아' 라고 울부짖었다.

날마다 출근은 하면서도 나는 제정신이 아니었다. 게다가 담배를 피우는 양이 두 배로 늘어나는 등 내 몸을 마구 망가뜨리고 있었다. 회복할 필요가 있었다. 그래서 다시 헬스클럽에 다니기 시작했는데, 막상 운동을 하려니 도저히 마음이 동하지가 않았다.

사는 게 사는 게 아니었다. 좋아했던 것들조차 모든 게 귀찮아졌다. 내 몸과 마음은 오직 소피아를 위해 존재할 뿐이었다.

그동안 백혈병 때문에 다른 생각을 잊고 살았다. 우리의 삶은 몇 년 동안 오직 수혈, 혈압, 약, 주사, 치료, 검사뿐이었다. 주말마다 사라는 외할머니 댁에서 지냈고, 아내와 나 사이는 자꾸만 멀어지고 있었다.

그즈음 다시 대화를 해야 한다는 생각이 들었다. 그렇게 하지 않았더라면 어쩌면 헤어졌을지도 모를 일이었다. 여러 가지 이야기를 나누면서 우리는 서로의 생각과 행동을 인정하기로 했다. 서로를 완전히 이해할 수는 없지만, 각자 슬픔을 이겨내는 방법이 다르다는 것을 인정하기로 한 것이다. 대화를 시작하면서 우리 가정은 점점 회복되어 갔다.

뮌헨 병원의 여의사가 소피아의 무덤을 찾아 멤민겐까지 왔다. 나는 퇴근하면서 날마다 소피아의 무덤을 찾았는데, 그때 그 의사를 만났다.

"소피아가 떠났다는 게 믿기지가 않았어요. 무덤을 보면 실감할 수 있을까 싶어서 이렇게 왔답니다."

그러고는 한참 동안 소피아의 무덤을 바라보고 서 있었다. 여기까지 오는 게 무척 어려운 일이었을 텐데, 소피아를 위해 먼 길을 찾아와준 그녀가 너무도 고마웠다.

그날 밤에 나는 무서운 꿈을 꾸었다. 소피아가 어떤 상자를 타고서 나에게 날아왔는데, 머리카락은 길고 눈은 바다처럼 파란빛을 띠고 있었다. 나는 손을 뻗어 어떻게든 소피아의 손을 잡으려고 했으나, 그 순간 상자는 뒤돌아 다른 곳으로 날아가버렸다. 멀어져가는 소피아는 나를 향해 손을 내밀며 울고 있었다. 꿈에서도 나는 소피아랑 함께 있을 수 없었다.

이제 내가 소피아를 위해 해줄 수 있는 유일한 선물은 무덤을 예쁘게 꾸며주는 일이었다. 그래서 소피아의 무덤을 찾는 사람들이 예쁜 무덤을 보고 아름다운 전사를 떠올리며 새로운 힘과 소망을 얻고 돌아가길 바랐다.

나는 하얀 묘 주위를 대리석으로 둘렀다. 어떤 민족은 대리석으로 원을 만들어 죽은 사람의 혼을 그 안에 모신다고 한다. 그 순간 나는 소피아의 영혼이 그 안에 머무르면 얼마나 좋을까 하는 생각을 했다. 묘의 모서리마다 등을 달았다. 소피아의 나이를 뜻하는 네 개의 등은 소피아의 웃음처럼 환한 빛을 냈다.

흰 대리석으로 하트 모양도 만들어두었다. 아내는 나비를 철 막대기에 연결해 묘에 꽂아놓았다. 한 마리 나비가 무덤 위를 날고 있는 것처럼 보였다. 소피아는 나비를 좋아했다.

묘를 장식하는 내내 소피아를 생각했다. 마리온도 작은 등을 하나 가지고 왔는데, 백설 공주의 일곱 난쟁이가 들고 다니는 것처럼 깜찍했다. 마지막으로 소피아가 좋아했던 장난감과 인형을 두었다.

그러던 어느 날 소피아의 무덤에 가보니 물건들이 모조리 없어진 것이다. 좌절감이 밀려왔다.

'24시간 계속 지켜야 하나?'

그 사건이 온 마을에 퍼졌고, 다행히도 그 후로 다시는 그런 일이 일어나지 않았다.

우리가 달아놓은 등은 항상 소피아의 무덤을 밝게 비추었다.

소피아가 어둠 속에 있다는 생각을 하면 미쳐버릴 것만 같았다. 그래서 등이 잘 켜져 있는지 확인하려고 밤에 자다 말고 소피아의 무덤으로 향했던 날도 있었다. 어느 날 밤에는 무덤 앞에 서서 땅속으로 들어가 소피아의 관을 뚫고 그 안을 들여다보는 상상을 했다.

'우리 소피아는 괜찮을까? 관은 춥고 어두울 텐데…. 강아지 인형은 아직 그대로 있겠지? 샤론이 선물해 준 사자 인형도? 소피아는 어떻게 변했을까? 장례 예배 때 봤던 것처럼 여전히 예쁠까? 아니면 얼굴이 검게 썩어버렸을까?'

생각 같아선 정말 무덤을 파보고 싶었다. 이토록 가까이 있는데도 소피아의 얼굴조차 볼 수 없다니…. 때때로 정말 미친 사람 같았다.

소피아가 우리 곁을 떠나고 얼마 뒤에, 관을 들어준 친구의 결혼식이 이탈리아에서 있었다. 신부는 아내의 친구였다. 아내는 결혼식에 꼭 가보고 싶어 했다. 나는 안 가려고 갖은 핑계를 다 댔지만 결국에는 아내와 함께 이탈리아로 떠났다.

결혼식이 진행되는 동안 나는 '내 딸이 몇 주 전에 죽었는데 내가 여기 참석해서 기뻐해 줘도 되는 걸까?' 하는 죄책감이 들어 견딜 수가 없었다.

결혼식이 무사히 끝났고 피로연이 있었는데 분위기가 정말 썰렁했다. 그 순간 나는 갑자기 아내의 손을 잡고서 일어섰다.

지금도 내가 왜 그랬는지는 알 수 없지만, 어쨌든 나는 아내를 잡아끌고 춤을 추었다. 슬픔을 훌훌 던져버리고 다시 삶의 기쁨을 찾으려고 했던 건지도 모르겠다. 우리를 따라 사람들 몇몇이 나와서 춤을 추기 시작하자 즐거운 분위기가 연출되었다. 그러나 내 마음은 여전히 괴로웠고, 기쁨과 즐거움이 자리할 공간이 없었다.

피로연이 끝나고 호텔로 들어서는 순간 양심의 가책이란 걸 느꼈다고 해야 할까.

'네가 아빠야? 불과 얼마 전에 사랑하는 딸을 잃고서 어떻게 결혼식에서 웃고 떠들고 춤을 출 수가 있어? 소피아의 고통을 벌써 잊은 거야? 죽은 네 딸 소피아를 잊어버린 거야? 그러고도 네가 아빠라고 할 수 있어?'

그날 나는 밤이 새도록 잠을 이루지 못했다.

추운 겨울이 지나고 어느새 봄이 찾아왔다. 세상은 따사로운 햇살을 받으며 다시 아름답게 피어나고 있었다. 그러나 내 삶은 아직 차가운 겨울 속에 묻혀 있었다.

어느 날 리터 씨가 우리에게 주말 동안 멋진 호텔에서 보낼 수 있는 상품권을 선물했다. 그의 뜻대로 호텔에서 주말을 보내긴 했지만, 그때까지도 내 웃음은 포장지에 불과했다. 내 얼굴에는 진정한 미소가 어리지 않았다.

부활절이 다가오고 있었다. 작년 이맘때쯤 소피아랑 사라가 정원에서 선물을 찾던 모습이 내 눈앞에 선했다. 옆집 아이들은 함께 환성을 올리며 선물을 찾으러 다녔다.

그러나 사라는 이제 혼자였다. 옆집 아이들의 웃음소리가 듣기 괴로웠고, 부활절이 빨리 지나가기를 바랐다. 사라가 정원에서 선물 찾는 모습을 보며 웃고 싶었으나, 소피아 생각이 머릿속을 떠나지가 않았다. 나는 사라 모르게 눈물을 훔쳤다. 그러나 사라는 아빠가 슬퍼하고 있다는 것을 눈치 챈 것 같았다.

소피아가 우리를 떠나던 날, 사라 역시 자기 삶의 중요한 일부를 잃어버렸다. 그 뒤로 사라는 많이 조용해졌다. 그리고 소피아 이야기는 결코 하지 않았다. 그러던 어느 날, 차를 타고 가는데 사라가 물었다.

"아빠, 가끔 이런 생각을 해요. 소피아가 살아 있었는데 땅속에 묻혀버린 건 아닐까 하고 말이에요."

무서운 생각이었다. 어른도 이런데 어린것이 혼자 이런 생각을 하면서 얼마나 무서웠을까?

"사라, 소피아는 죽어서 땅속에 묻힌 거야. 소피아가 우리를 떠났을 때 의사 선생님이 와서 여러 가지 검사를 했잖아. 소피아는 틀림없이 죽었다고 하셨어. 게다가 소피아는 장의장에 닷새나 있었잖아. 소피아가 살아 있었다면 그때 눈을 떴을 거야."

사라가 고개를 끄덕이면서 눈물을 흘렸다.

"아빠, 사실은요, 소피아가 너무 보고 싶어요. 너무 많이 보고 싶어질 때마다 자꾸만 그런 생각이 들어요. 그러면 더 슬퍼져요."

그 순간 나는 깨달았다. 나만 고통스럽고 슬퍼하는 건 아니라는 사실을. 어쩌면 사라가 더 힘들었을 것이다. 나는 너무 창피했다. 사라도 내 딸인데 그동안 내가 너무 소홀히 대한 듯해서 한없이 미안하고 부끄러울 뿐이었다.

그토록 어려운 상황에서 사라만큼 언니 노릇을 잘 해낼 아이가 또 어디 있을까. 사라는 어떤 일이 있더라도 잘 견뎌냈다. 날마다 동생에게 져주면서도 동생을 잘 보살펴주던 사라. 나는 그런 사라의 기분을 얼마나 헤아려봤던가.

사라도 내 딸이라는 지극히 당연한 사실을 새삼 깨닫기 시작했다. 나는 사라에게도 좋은 아빠가 되고 싶었으며, 최선을 다하기 위해 노력하고 싶었다.

그런데도 머릿속은 아직 소피아 생각으로 가득했다. 밤에 잠을 잘 못 자는 것도 어쩔 수가 없었다. 잠이 들어도 금방 깨어났고, 그대로 누워 있을 수가 없어 집안을 돌아다녔다. 평균 서너 시간쯤 잤을까? 건강이 많이 나빠졌다. 의사에게서 항우울제를 처방 받았으나 효과가 없었다. 오히려 운전을 할 때 집에 앉아 있는 느낌이 들어 위험할 뿐이었다.

운전하는 걸 그토록 좋아하던 내가 차를 보는 것만으로도 고통이었다. 어디를 가나 무엇을 하나 소피아 생각이 나서 아무것도 할 수가 없었다.

나를 필요로 하는 사람이 있고, 나 역시 가족이 필요하다는 것을 때때로 잊어버리는 게 문제였다. 이런 내 문제를 알고서 비르깃이 충고했다.

"넌 네가 갈 길을 가야 해. 그렇지만 길을 잘못 들어선 안 돼. 그러면 네 주변에 있는 사람들이 더 큰 고통을 받을 테니까."

처음엔 이 말을 이해하고 싶지도 않았고, 그 뒤에 이어졌던 "넌 가치 있는 사람이야. 널 사랑해"라는 말 따위는 눈에 들어오지도 않았다. 사랑스러운 내 딸 소피아가 결국 우리를 떠나버린 마당에 이런 말은 가증스러운 미사여구일 뿐이었다.

다른 사람들 눈에는 우리가 다시 삶을 살아나가고 있는 것처럼 보였을 것이다. 다시금 힘을 내고 천천히 한 단계씩 회복해 나간다고 말이다. 아내는 극장 일을 다시 시작했고, 나는 예전처럼 계속 일했으며, 사라는 학교 때문에 바빴다.

그러나 우리의 삶은 그리 진실하지 않은 듯했다. 나는 상태가 계속 안 좋아졌다. 집, 직장, 무덤을 돌기만 할 뿐 사람들도 만나지 않았고 폐쇄된 채 살아가고 있었다. 밤에는 여전히 잠을 못 잤고, 아무것에도 관심이 없었으며, 아무것도 하고 싶지 않았다. 의사는 내게 정신과 상담을 받아보라고 권했다. 억지로 떠밀려서 받아보긴 했지만, 별 효과가 없었다. 그 의사도 그런 생각이 들었는지 나에게 다른 의사를 추천해 주었다.

어떤 날은 소피아의 사진을 들고서 의사를 찾아갔다. 나랑 소피아가 함께 찍은 흑백 사진이었다. 의사에게 소피아랑 내가 얼마나 친밀했는가를 보여주고 싶었다. 우리의 사랑이 죽음보다 강했다는 것을 알려주고 싶었다.

어느 날 꿈에서 나는 아름다운 정원을 산책하고 있었다. 정원은 너무 커서 끝이 안 보일 정도였다. 그곳에서 나는 소피아를 찾아야 했다. 사람들이 많이 모여 있는 곳에도 가보고 꽃과 나무 사이도 살펴봤지만, 소피아는 어디에도 없었다. 소피아를 찾으며 시간이 갈수록 가슴만 답답해져 왔다.

그 순간 한 연로한 남자를 봤는데, 흰 수염을 기르고 꽤 고급스러운 옷을 차려입은 그가 나를 뚫어져라 쳐다보고 있었다. 그는 "이곳은 당신이 있을 데가 아닙니다"라고 말하는 것 같았다. 나는 강한 햇살을 느끼며 잠에서 깨어났다.

일어난 뒤에도 한참 동안 멍하니 앉아 꿈 생각을 했다. 그러다가 얼마 전에 책에서 본 인상 깊은 글귀가 생각났다.

"죽는 사람마다 자신의 하늘을 만들어갑니다."

나는 소피아의 하늘에 다녀온 것일까? 소피아는 디즈니랜드에서 정말 행복해했다. 소피아의 하늘이 디즈니랜드를 닮았던가? 그런데 그곳이 정말 소피아의 하늘이었다면 나는 왜 소피아를 못 찾은 걸까? 다행히 나는 의사와 이런저런 대화를 나누면서 상태가 많이 좋아졌다. 그는 내가 하는 이야기들을 잘 들어주었다. 어느 날 그가 조심스레 물었다.

"소피아는 아빠가 자신을 찾아 헤매는 걸 원치 않을지도 모릅니다."

그게 무슨 뜻일까 생각하다가 조금씩 알 것 같았다. 소피아가 있는 곳은 고통과 슬픔이 없다. 그러나 나는 이곳에 있다. 그러니 소피아를 찾을 수 없는 건 당연했다. 나는 아직 이 세상에서 살아야 했다.

아내와 나는 '자녀들이 죽으면'이란 세미나에 참석했다. 강사는 스위스에서 온 경험 많은 한 전문가였는데, 나는 쉬는 시간에 잠깐 그와 이야기를 나누었다. 그리고 그가 다시 강의를 하면서 물었다.

"여러분 중에 한 자녀 이상을 두신 분들은 손을 들어주세요."

많은 사람들이 손을 들었다.

"그렇다면 이제 여러분 중에 한 자녀를 더 좋아하고 아끼는 분들이 있다면 손을 들어주세요."

아무도 손을 들지 않았지만 그 순간 가슴에 뭔가 걸리는 게 있었다. 나는 내 문제가 무엇인지 알 수 있었다.

강사가 사진을 보여줬는데, 소피아처럼 병이 재발돼 세상을 떠난 남자아이의 모습이 담겨 있었다. 눈을 감고서 누워 있는 그 아이를 보자 나도 모르게 눈물이 났다. 그러나 아이의 표정은 평화로웠다. 우리 곁을 떠날 때의 소피아가 그랬던 것처럼.

'이젠 아무런 고통이 없어 저토록 평화로운 표정을 짓고 있는 것일까?'

그 후로 생각이 조금씩 바뀌어갔다. 소피아가 간 세상은 이곳보다 더 좋을 것이다. 그리고 그곳에서 소피아는 자유롭게 편안하게 지내고 있으리라 믿기 시작했다. 물론 아직 '이랬더라면….' 하는 생각들이 완전히 사라진 건 아니었다.

'우리가 다른 병원에 갔더라면, 스페인에 있는 의사에게 갔더라면, 다른 치료법을 찾았더라면….'

돌림노래처럼 반복되는 후회 속에서 내 마음은 늘 복잡하고 불편했다. 그러나 그런 중에도 나는 답을 찾아가고 있었다.

소피아가 받기로 했던 골수를 받은 아이가 몇 달 후에 죽었다. 우리는 그 아이의 장례식에 참석했다. 수술로 아이의 삶이 더 짧아졌다고 했다. 장례 예배가 끝나고 교회에서 나왔을 때 비가 내리고 있었다. 그때 우리는 또 다른 부모를 만났다. 병원도 여러 번 옮기고 여러 가지 치료 방법을 시도해 봤지만, 그 아이도 얼마 살지 못했다.

다른 방법을 더 찾아보지 않았던 게 늘 후회스러웠던 나에게 그들은 다른 방법도 결국 소용이 없었다는 것을 알려주었다. 그렇다. 그 아이들과 달리 소피아는 세상을 마음껏 즐기고 가지 않았던가.

소피아는 지금쯤 하늘나라에서 신나게 썰매를 타고 있을 것이다. 기쁨과 행복으로 충만한 웃음을 터트리고 있을 것이다. 가끔 소피아는 우리에게 와서 언제나 우리와 함께 있다는 걸 보여주는 것만 같다. 그리고 우리를 지켜주는 듯하다.

그날도 퇴근한 뒤에 소피아의 무덤을 찾았다. 그날따라 소피아가 더더욱 보고 싶었다.

"소피아, 네가 함께 있다는 걸 보여줘."

그 순간 나는 나비 한 마리를 보았다. 아름다운 나비가 날아와 소피아의 무덤 위에 앉았다. 내가 다가가도 가만히 앉아 있는 게 너무 신기했다. 집으로 돌아와 아내에게 나비 이야기를 해주면서, 다음 날에도 나비가 있으면 소피아가 보내준 것이라 믿기로 했다.

다음 날 아내와 함께 소피아의 무덤에 갔을 때, 그 나비가 우리 앞에 다시 나타났다. 나비는 소피아의 무덤에 가만히 앉아 있었다. 소피아가 정말 우리와 함께 있는 것만 같아서 우리는 또 눈물을 흘렸다.

더운 여름이 시작되었다. 소피아의 무덤에는 여전히 많은 선물들이 쌓여 있었다. 우리는 어디를 가든지 항상 소피아의 선물을 샀다. 오스트리아에서 빛나는 석영을, 독일 북쪽에서 조개를, 뮌헨 동물원에서 사자 그림을 사서 소피아의 무덤에 올려놓았다.

어린이날이 지나고 어부의 날이 다가왔다. 그러나 나는 행사에 참석하고 싶지 않았다. 처남이 작년에 고기를 몰다가 부러진 내 막대기를 다시 붙여왔다.

'그래, 이날은 소피아에게도 중요한 날이었어.'

내가 마음을 돌려서 가겠다고 하자 처남이 밝게 웃어 보였다. 작년에는 한 마리도 못 잡았던 고기를 올해는 여섯 마리나 잡았다.

우리는 다시 여행 계획도 세웠다. 크리스마스 때 아프리카에 가기로 한 것이다. 집에서 쓸쓸히 보내는 것보다 소피아가 그토록 가고 싶어 했던 아프리카에서 볼프강과 비르깃과 함께 크리스마스를 보내는 게 좋을 것 같았다. 오랜만에 그들을 볼 수 있다는 생각에 기쁨이 샘솟았다. 우리는 그렇게 열심히 삶을 찾아가고 있었다.

9월이 되었고, 소피아의 생일이 다가왔다. 그날 나는 집에서 그냥 쉬고 싶었지만 아내는 친구들과 함께 뮌헨 동물원에 가자고 했다. 소피아의 생일에 나는 아침에 눈을 뜨자마자 눈물이 났다. 아내는 소피아를 위해 생일 초를 만들어 무덤에 가지고 갔다.

우리는 소피아의 무덤 앞에서 생일 축하 노래를 불러주었다. 그러나 "태어나줘서 고마워"라는 노랫말에서 나는 결국 울음을 터트렸다. 무덤 앞에서 보내야 했던 소피아의 다섯 번째 생일. 가슴이 미어졌다.

동물원을 엄청 좋아했던 소피아를 빼놓고 그곳에 간다는 게 많이 낯설었지만, 한편으로 소피아와 함께 했던 추억을 떠올릴 수 있어 의미 있는 시간이었다.

오후에 집으로 돌아왔을 때 마리온이 찾아와 소피아의 생일을 축하해 주었다. 그리고 목사님도 오셨는데, 그는 얼마 전에 아프리카에 다녀왔다면서 그곳 이야기를 들려주었다. 손님들이 돌아간 뒤에 장인어른 댁에 갔다. 오늘 같은 날에는 그분들도 많이 힘들 것이란 생각이 들었다.

벌써 날이 어두워졌지만, 다시 소피아의 무덤에 가보기로 했다. 그런데 거기에 로저와 코린나 그리고 그들의 세 딸이 있었다. 우리는 인사를 나눈 뒤에 함께 소피아의 무덤을 바라보았다.

놀랍게도 아침과는 판이하게 달라져 있었다. 작고 큰 인형, 꽃, 장난감 등등 셀 수도 없이 많은 선물이 놓여 있었다. 초도 많았다. 무덤 주위가 아예 초로 깔려 있었다고 해도 과언이 아닐 것이다. 눈물이 흘렀다.

이제 더는 소피아를 잃은 슬픔에 겨운 눈물이 아니라, 기쁨과 미래에 대한 소망을 담은 눈물이었다. 나는 오늘도 그날을 생각하면 힘이 솟는다.

우리는 로저의 가족과 함께 집으로 돌아왔다. 우리는 거실에서 이야기를 나누었고 아이들은 사라의 방으로 올라가 놀았다. 좋은 친구들 덕분에 소피아의 다섯 번째 생일이 소중한 추억으로 간직되었다. 모두에게 진심으로 감사했다.

꿈에서

그날 밤에 또 소피아의 꿈을 꾸었다. 나는 풀숲을 걷고 있었다. 하늘을 올려다보니 한편은 노랗고 다른 한편은 어두웠다. 그때 한 무리의 아이들이 달려와 장난을 쳤다.

그런데 유독 조용한 아이가 있어서 바라보니, 소피아였다. 나는 소피아를 안아 올리고서 옆에 있는 아내에게 말했다.

"거봐, 내가 늘 말했잖아. 우리 소피아가 우리에게 다시 올 거라고."

그런데 소피아는 말없이 가만히 있을 뿐이었다. 나는 꿈에서 깨어났다. 소피아가 왜 좋아하지 않았을까? 나는 몇 시간 동안 머리를 싸매고 이 꿈에 대해 생각해 보았다.

그 꿈은 소피아에게서 온 메시지 같았다. 대체 무슨 뜻인지 생각해 보았다.

정신과 의사에게 꿈 이야기를 들려주었다.

"소피아가 뭔가 말해 주려고 한 게 아니었을까요?"

"그 답은 당신이 제일 잘 알 겁니다. 한 번 잘 생각해 보세요."

의사는 나에게 생각나는 대로 말을 해보라고 했다.

"소피아는 내 것이 아니다."

나도 모르게 이 말이 먼저 튀어나왔다. 그제야 의문이 풀리는 듯했다. 소피아의 표정이 굳어 있었던 까닭을 알 수 있을 것 같았다.

"아빠, 날 그렇게 꼭 안지 마세요. 소피아는 가야 할 길이 있어요. 아빠한테 잘 있다는 걸 보여주려고 온 거예요. 아빠, 난 다시 돌아가야 해요."

나는 끝까지 소피아를 놓지 않으려고 했으나, 소피아는 내가 자신을 놓아주길 바랐다.

소피아가 지금 있는 그곳에는 소피아만의 삶이 있을 것이다. 그곳에서 시간의 속박 없이 자유롭게 살고 있겠지. 지금쯤 썰매를 신나게 타고 있을지도 모르겠다. 아니면 다른 아이들과 함께 뛰놀고 있을지도.

사람마다 자신의 하늘을 만들 수 있다면, 우리의 하늘은 저마다 다를 것이다. 그리고 우리는 언젠가 다시 만날 희망을 안고 살아간다. 내가 이 세상에 사는 동안 소피아는 가끔 내 꿈에 찾아와 안부를 전해 주겠지?

우리는 다음 주에 아프리카로 간다. 소피아도 어디에선가 우리를 바라보고 있을 것이다.

소피아, 너에게 이 세상에서의 삶은 썰매를 타는 게 아니었을까?
아빠는 소피아를 무지무지 사랑해, 알지?
그리고 신디, 우리 소피아를 항상 잘 지켜주렴.
안녕, 소피아. 아빠도 소피아처럼 씩씩하게 살려고 노력할게.
언젠가 우리 다시 만나는 날, 신나게 썰매 타자.

아빠가

에필로그

새로운 시작

나는 정말 오랜만에 살고 싶은 생각이 든다. 그리고 사람들도 만나고 싶다.

이제는 나무 사이를 비추는 햇빛을 다시 느낄 수 있다. 숨도 쉴 수 있다. 세상이 다시 살아나고, 아름답게 느껴진다. 이 세상을 작은 빛으로 비춰주던 소피아는 우리 곁을 떠났지만, 이젠 더 좋은 세상에서 씩씩하게 잘 지내고 있을 것이다. 소피아가 떠날 때 내 삶도 끝나버린 것만 같았고 온통 슬픔과 고통, 어두움뿐이었으나, 나는 이제 새로운 힘을 얻었다. 다시 세상을 살아갈 수 있는 힘이 생겼다. 내 길을 찾아 열심히 걸어갈 것이다.

"소피아, 아빠에게 많은 걸 가르쳐줘서 고마워. 너를 통해 아빠는 다른 사람이 된 것 같아. 언젠가 다시 만나겠지? 그때까지 아빠는 이곳에서 많은 사람들을 만나고 많은 일들을 할 거야."

오랫동안 컴퓨터에 저장돼 있었던 이 이야기가 이제 책으로 나온다. 더 많은 사람들이 소피아의 삶을 알게 되겠지. 나는 이 책을 통해 많은 이들이 더 힘차게 세상을 살아가는 법을 배우고 느낄 수 있기를 바란다. 누구든 삶의 어려움이 있을 것이다. 그때마다 소피아의 용기와 인내를 기억하며 힘을 얻을 수 있다면 더 바랄 것이 없겠다.

지금 아내는 어린이 환자들을 위해 호스피스로 봉사를 한다. 돌봐주는 여자아이가 백혈병을 앓고 있는데, 아내는 소피아를 생각하며 그 아이를 위해 최선을 다하고 있다.

사라는 언제나 어른스럽게 자신의 일을 잘 해내고 있다. 그리고 나는 내가 잘못했던 것들을 바로잡기 위해 노력하고 있다. 지금 우리 가족은 행복하다. 모두가 자신의 자리에서 최선을 다하고 있으니까.

참, 제리와 새로운 신디는 여전히 우리와 함께 잘살고 있다. 제리는 나이를 꽤 먹었지만 건강하다. 새로운 신디는 사라에게 아주 중요한 존재가 되었다.

아울러 우리는 자녀를 잃은 부모를 위해 작은 모임을 만들었다. 나는 그 모임의 이름을 '새로운 시작' 이라고 지었다. 소피아는 나에게 마음을 여는 법을 가르쳐주었다. 세상은 눈으로 보는 게 아니라 마음으로 느끼는 것임을, 나는 내 작은 천사에게서 배웠다.

미카엘 마르텐센

KI신서 1241

아빠, 슬플 땐 울어도 괜찮아

지은이 | 미카엘 마르텐센
옮긴이 | 김진아

1판 1쇄 인쇄 | 2007년 12월 1일
1판 1쇄 발행 | 2007년 12월 10일

펴낸곳 | (주)북이십일_21세기북스
펴낸이 | 김영곤
본부장 | 정성진
기획/편집 | 강선영 김성수 / 오원실 이용우
마케팅/영업 | 박효진 주명석 허준영 이시몬
/ 윤지환 최창규 서재필 정민영 도건홍 유인철
교정교열 | 한정아
디자인 | 디자인플랫(02-337-9597)

등록번호 | 제10-1965호
등록일자 | 2000. 5. 6

주소 | (우 413-756) 경기도 파주시 교하읍 문발리 파주출판문화정보산업단지 518-3
전화 | (031)955-2100(대)
팩스 | (031)955-2122
이메일 | book21@book21.co.kr
홈페이지 및 커뮤니티 | http://www.book21.co.kr
http://cafe.naver.com/21cbook

값 10,000원
ISBN 978-89-509-1300-7 03400